RICHARD COEUR DE LION
ET LE LIMOUSIN

Illustrations :
- Extrait des Grandes chroniques de France du Religieux de St Denis (Ms. 5). Photo médiathèque Équinoxe Châteauroux.
- Photo Association des Amis du château de Châlus-Chabrol.

© L'Harmattan, 1999
ISBN : 2-7384-7926-X

Marguerite-Marie IPPOLITO

RICHARD COEUR DE LION ET LE LIMOUSIN

L'Harmattan
5-7, rue de l'École Polytechnique
75005 Paris - FRANCE

L'Harmattan Inc.
55, rue Saint-Jacques
Montréal (Qc) - CANADA H2Y 1K9

PROLOGUE

"Noble Dame, le roi Richard, votre fils, est blessé. Il se meurt au château de Châlus, en Limousin, et vous mande près de lui". La voix du messager épuisé résonne sous les voûtes du monastère de Fontevrault où la reine Aliénor s'était retirée, confiante en l'avenir de sa lignée Plantagenêt, sous la garde de son fils bien-aimé Richard.

Nous sommes au début du mois d'avril de l'an de l'Incarnation 1199. La reine pâlit, mais son énergie reste intacte : "Mon fils, mon beau et doux seigneur... Dieu te garde, murmure-t-elle, pour Aquitaine, Anjou, Normandie, Angleterre. Toi que tous reconnaissent comme parfait chevalier, héros de légende... Dieu fasse que j'arrive à temps pour te soigner, t'assister, éloigner de toi les puissances des ténèbres par la force de mon amour."

Sa décision est déjà prise. Malgré son âge avancé, elle va partir sur-le-champ rejoindre son fils, le jeune duc d'Aquitaine, roi d'Angleterre depuis dix ans, à la mort de son père, Henri II. A peine prit-elle le temps de faire envoyer deux messagers, l'un à Bérangère, épouse de Richard, l'autre à Jean, dit "sans Terre", son dernier fils.

Comme il lui était bien souvent arrivé dans sa vie, elle se retrouvait sur les chemins. Elle allait franchir "plus vite que le vent", comme le diront les chroniqueurs de l'époque, la distance qui sépare Fontevrault, près d'Angers, de Châlus-en-Limousin.

Elle n'est pas seule, l'abbé de Turpenay, Lucas, l'accompagne. En effet, elle, si forte de coutume, se sent envahie de sombres pressentiments. Aucune des chroniques qui relatent cet exploit - elle partira de son monastère en ce début d'avril et sera à Châlus au matin du 6 avril - ne fait état du tumulte de sa pensée tout au long de cette chevauchée entrecoupée de remontées par le cours de la Vienne le transport par eau étant alors plus rapide.

Son fils Richard... Il était né à Oxford le 8 septembre 1157 à l'époque où la gloire lui souriait. Après son divorce d'avec le roi de France, Louis VII, le "roi-moine" dont elle avait eu deux filles, Marie et Alix, comtesses respectivement de Champagne et de Blois... En 1152, elle se remarie avec son fougueux second mari, Henri Plantagenêt, duc de Normandie et comte d'Anjou, arrière-petit-fils de Guillaume le Conquérant, et, par cette filiation, couronné roi d'Angleterre, à peine deux ans après leur mariage. Deux fois reine, déjà mère de deux fils, Guillaume né en 1153 mais qu'elle avait perdu en 1156 et Henri dit le Jeune, d'une fille Mathilde, duchesse de Saxe et bientôt encore mère, après Richard, de Geoffroy, duc de Bretagne, Aliénor, reine de Castille, Jeanne, comtesse de Toulouse, Jean, dit "sans Terre", mais marié à l'une des plus riches héritières du royaume d'Angleterre.

Une belle lignée dont elle était fière et qui couvrait un véritable empire, à l'égal du Saint Empire romain germanique dont Richard, pressenti par les princes allemands, aurait pu être l'empereur s'ils n'avaient choisi à sa place son neveu Othon, fils de sa sœur Mathilde de Saxe.

Mais, de cette lignée, en ce début d'avril de l'an 1199, Dieu ayant rappelé à Lui plusieurs de ses enfants, seuls lui restaient Richard et Jean, Aliénor et Jeanne.
Toute la vie de Richard repassait en son esprit, jusqu'en ses moindres détails, alors qu'elle parvenait en ce Limousin auquel la rattachaient tant de souvenirs...

CHAPITRE I

RICHARD, LE PETIT PRINCE ET LE LIMOUSIN
1157-1168

Richard était né à Oxford, le 8 septembre 1157. Aliénor l'avait mis au monde en ce lieu d'où l'ex-Impératrice, Mathilde, sa belle-mère, fille d'Henri Ier Beauclerc, petite-fille de Guillaume le Conquérant et devenue comtesse d'Anjou par son remariage avec Geoffroy Plantagenêt, avait dirigé toutes ses opérations pour la conquête du trône d'Angleterre au profit de son fils Henri, le mari d'Aliénor, contre son cousin, Etienne de Blois. A ses yeux, Etienne avait usurpé le titre de roi puisque son père l'avait choisie, elle, comme son héritière après le dramatique naufrage de la *Blanche Nef* où avait péri son seul frère, *Guillaume-Adelin*. Aidée par la providence, Mathilde devait réussir dans son entreprise puisqu'à la mort du seul fils d'Etienne de Blois, ce dernier choisit pour héritier son neveu Henri, fils de Mathilde et époux d'Aliénor d'Aquitaine. Henri fut Couronné roi d'Angleterre en 1154.

C'est dire que, quatrième enfant de son second époux, Henri II, après Guillaume, mort l'année précédente, en 1156, à l'âge de trois ans, Henri le Jeune et Mathilde, ainsi nommée en l'honneur de sa grand-mère, Richard naissait dans une lignée aux possessions immenses, son père étant roi d'Angleterre, duc de Normandie, comte d'Anjou, et, par Aliénor, duc d'Aquitaine dont dépendait le Limousin rattaché au comté de Poitou dès la fin du IXème siècle sous *Ramnulf II*.

Déjà, Aliénor, sachant son aîné Henri le Jeune destiné à la Couronne d'Angleterre, pensait offrir à son fils Richard son duché d'Aquitaine.

Richard passera peu de temps en Angleterre. Juste celui d'être sevré par sa nourrice *Hodierna*, peut-être la mère du philosophe et poète anglais Alexandre Neckam. A peine eut-il le temps de se souvenir des différents lieux de villégiature de la Cour, d'Oxford à Westminster, de Bermondsey à Worcerster ou à l'île de Wight, pas même celui d'en apprendre la langue.

Dès 1159, il suivra sa famille vers l'Anjou et l'Aquitaine, peut-être même Toulouse où Aliénor réussit à convaincre son époux de revendiquer ses droits sur le comté du chef de sa grand-mère Philippa.

Au cours de cette folle équipée qui se soldera par un échec, Henri II et Aliénor, qui a mis au monde un autre fils, *Geoffroy*, passent en Limousin. Ce n'est pas leur premier passage en la ville de Limoges, alors divisée en deux bourgs : la Cité, sous l'autorité de l'évêque Gérald du Cher, et le Château, sous la juridiction de l'abbé du monastère de Saint-Martial. Celui-ci l'accordait en fief au vicomte de Limoges, dont les ancêtres avaient dressé leur donjon sur la motte s'élevant près de l'église Saint-Michel-de-Lions et qui était le vassal du duc d'Aquitaine.

Le vicomte de Limoges était, depuis 1148, un jeune enfant, Aymard V, héritier des Limoges par sa grand-mère Brunicende et des Comborn par son grand-père. Sa mère, Marguerite de Turenne, d'abord vicomtesse de Limoges, puis veuve, avait épousé en secondes noces le vicomte Ebles III de Ventadour. Mais, la première aimée et chantée par le jeune protégé du vicomte, le troubadour Bernard de Ventadour, elle fut répudiée par son époux. En troisièmes noces, elle épousa le comte d'Angoulême, Guillaume-Taillefer IV, dont elle allait avoir six enfants.

Aymard V était très jeune à la mort de son père, en 1148 ; le droit féodal obligeait alors à la nomination de tuteurs ou "baillistres". Le premier fut l'évêque de Limoges, Gérald du Cher, qui semble avoir outrepassé les pouvoirs de sa charge en s'appropriant des droits sur l'abbaye de Solignac qui aurait dû revenir au vicomte de Limoges. Devant le refus de l'abbé, il fit dévaster et piller les biens de l'abbaye. Le second tuteur fut l'oncle paternel d'Aymard V, Bernard, doyen de Saint-Yrieix, qui ne fut pas plus scrupuleux : il fit occuper l'église d'Ayen qui dépendait de Solignac, ce qui eut pour conséquence d'entraîner l'interdit de toute la vicomté de Limoges lancé par l'archevêque de Bourges et... l'évêque de Limoges. Ces conflits devaient durer jusqu'à la majorité du jeune vicomte Aymard V.

C'est dans ce contexte qu'Aliénor, duchesse d'Aquitaine après son divorce d'avec le roi de France Louis VII, était venue à Limoges, avec son nouvel époux, Henri Plantagenêt, duc de Normandie et comte d'Anjou ; pour la première fois en 1153. L'accueil qui leur fut réservé par la population, l'évêque, Gérald du Cher et l'abbé de Saint-Martial, Albert, fut d'abord très chaleureux. Mais "une rixe se serait produite entre les gens de la suite d'Henri Plantagenêt et les habitants du Château de Limoges ; en fait, cette empoignade n'était, peut-être que la conséquence du refus de l'abbé de Saint-Martial de payer à Henri le droit de gîte sous prétexte que cette obligation n'était due que dans l'enceinte du château ; or, le duc résidait, semble-t-il, dans la Cité. Le duc fut irrité, aussi fit-il raser les murs du château qui avaient été élevés peu de temps auparavant, combler les fossés et détruire le pont[1]".

Le chroniqueur, Geoffroy, prieur de Vigeois, semble accuser Bernard, doyen de Saint-Yrieix et tuteur du jeune vicomte Aymard V, d'avoir poussé le duc de Normandie et d'Aquitaine à ces méfaits pour se venger des bourgeois de Limoges.

Henri Plantagenêt, désormais Henri II, roi d'Angleterre, revint à Limoges en 1156. N'ayant pas oublié l'affront des bourgeois lors de sa première visite, il ordonna, à nouveau, que les murs, alors reconstruits, soient rasés et réclama une amende de 30 sous aux bourgeois et sept mules à l'abbé[2]. Fort de ses droits de suzerain, il désigna deux nouveaux tuteurs pour le jeune Aymard V, deux administrateurs anglais : Geoffroy de Neufbourg et Guillaume dit Pandoff, ce qui ne fut pas pour plaire ni aux bourgeois de Limoges ni aux seigneurs limousins mais qui valut la paix à la région pendant près de trois ans.

En Limousin, le vicomte Aymard V n'était pas le seul détenteur du pouvoir. Lui-même tenait ses fiefs des abbés de saint-Martial (pour Limoges, Chervix, Pierre-Buffière, Chambon-Sainte Valérie), de Saint Yrieix (pour le château de Ségur, la ville de Saint Yrieix, le château de Châlus, Excideuil) et de Solignac (pour la cité de Solignac et le château d'Aix), à qui il devait prêter hommage.

Limoges était, à cette époque, la cité principale du Limousin. C'était aussi la cité où étaient consacrés les ducs d'Aquitaine. Son nom était célèbre dans le monde d'alors par son art et son commerce florissant de ce que l'on appela, dès 1167, "l'œuvre de Limoges"[3], c'est-à-dire le travail de l'orfèvrerie, héritage de saint Eloi à Solignac, et de l'émail "champlevé" ou "cloisonné". Connue par ses foires, elle l'était surtout par la notoriété de l'abbaye clunisienne de Saint-Martial, l'un des hauts lieux de la culture occidentale pour la musique, mais aussi sa bibliothèque, riche de 450 volumes, dont la Bible de Saint-Martial, la Chronique d'Adhémar de Chabannes, son célèbre Tropaire et son Sacramentaire.

Le Limousin, c'était aussi plusieurs seigneuries très attachées à leur pouvoir ; outre la famille des Limoges, les Turennes, Comborn, Ventadour, Lastours, on comptait Aubusson, Rochechouart, Bridiers, sans oublier les biens de l'évêque de Limoges ou des abbayes de Saint-Martial, Saint-Yrieix, Solignac, Uzerche, Meymac et... Grandmont.

Grandmont était curieusement, particulièrement chère à Henri II Plantagenêt bien avant son mariage avec Aliénor. C'était un monastère fondé à partir de l'ermitage d'Etienne de Thiers, futur Saint-Etienne de Muret, dans les monts d'Ambazac. L'ordre qu'il avait créé était particulièrement austère, la vie, simple et pauvre. Pourtant, il attira de nombreuses vocations et de nombreux visiteurs venus se recommander à la prière des "Pauvres de Grandmont". Parmi eux, plusieurs personnages illustres comme précisément la mère de Henri II, Mathilde, l'ex-impératrice, qui aurait - mais certains historiens qualifient ce fait de pure légende - fait don aux moines, dès 1125, de la dalmatique du futur saint ; le pape Innocent III vint s'y recueillir en 1130, les comtes de la Marche, les rois de France...

Sous le prieuré d'Etienne de Liciac, à partir de 1139, l'ordre prit une autre dimension. La Règle venait d'être approuvée par le pape Adrien IV, le 25 mars 1156 ; quant aux "celles", ses succursales, elles se multiplièrent en différents diocèses et furent confirmées par Henri II, et plus tard, par Henri le Jeune et Richard. Les Plantagenêt furent toujours, en effet, les protecteurs de l'abbaye. La comtesse Mathilde, mère de Henri II, toujours elle, fit un legs aux moines de mille sols et c'est grâce à la générosité des Plantagenêt - qui eurent une résidence sur place - que seront construits les bâtiments du prieuré et l'église, consacrée le 4 septembre 1166, par Pierre, archevêque de Bourges ; au-dessus du maître-autel, on pouvait y admirer, sur des plaques de cuivre doré, de grandes roses, armoiries des rois d'Angleterre[4]. Rien d'étonnant donc qu'Henri II, se rendant un jour en Angleterre, ait pu confier : "Nous pouvons prendre la mer sans crainte, je suis sûr qu'à cette heure les bons frères de Grandmont sont à leur chapelle et prient pour nous."

En 1159, en allant vers Toulouse, Aliénor, le roi Henri II et peut-être Richard - mais il n'a que deux ans - sont donc à Limoges. Henri II remet à Aymard V, désormais majeur, son bien et, sans doute pour s'assurer de ses bons services, lui fait épouser l'une de ses parentes anglaises, Sarra de Cornouailles, dont le père était un bâtard d'Henri Ier d'Angleterre[5].

C'était là une provocation de plus pour les bourgeois de Limoges, qui se soulevèrent, chassèrent les soldats du roi d'Angleterre, lequel assiégea alors la ville, la contraignant à se rendre. Pour finir, le vicomte Aymard V s'acquit les bourgeois de la ville en promettant le "droit des consuls" et fit don de ses biens à l'abbé de Saint-Martial.

Au retour de Toulouse, la reine Aliénor et son époux repassèrent à Limoges, le 29 septembre 1159, après avoir traversé Uzerche. Aymard avait aplani les conflits avec les bourgeois. Reconnaissant au roi Henri II de l'avoir défendu contre ses premiers tuteurs et de lui avoir accordé sa parente, Sarra de Cornouailles, en mariage, il allait assurer au roi d'Angleterre sa neutralité lors des rébellions des seigneurs aquitains jusque vers 1175.

Ainsi Richard, dès sa plus tendre enfance, avait ouï parler du Limousin...

Après leurs longues équipées, Henri et Aliénor revenaient à Angers, à Caen ou à la cour de Poitiers, chère entre toutes à Aliénor. Le roi et la reine y aménagèrent une nouvelle résidence et c'est là que Richard grandit ; auprès de sa mère surtout - son père étant à ses affaires au royaume d'Angleterre, en Anjou ou Normandie - et du comte de Salisbury, chevalier fidèle qu'Henri II avait chargé de la garde de sa famille. Brillant cavalier, le comte fit l'éducation du jeune Richard et de ses frères, reprise, après sa mort en 1168, par son neveu, Guillaume, dit "le Maréchal", beau et noble chevalier, célèbre pour s'être battu comme un lion contre les Lusignan.

A Poitiers, la vie de Richard s'écoulait, douce ; il régnait en cette cour une atmosphère courtoise, au parler d'oc, qu'Aliénor, en digne petite-fille du poète Guillaume IX d'Aquitaine, avait su maintenir. Elle s'était entourée de troubadours, dont certains Limousins, comme Guiraut de Bornelh d'Excideuil mais surtout Bernard de Ventadour, ce poète vrai et raffiné qu'elle avait alors chéri entre tous, lui, sincère, qui l'appelait son "Aimant"...

La vie à Poitiers put parfois se montrer plus dure pour le jeune Richard qui recevait une éducation solide sur le plan intellectuel et poussée dans le maniement des armes. Mais il est évident qu'il n'y fut pas de manière continue, suivant souvent sa famille au gré des chevauchées.

C'était un bel enfant, roux et vigoureux comme son père, batailleur et sensible ; et certains événements marquèrent ses années de jeunesse. Dès 1159, son père avait ébauché, pour lui à Blaye, un projet de mariage avec Bérangère, fille du comte de Barcelone, Raymond Béranger. En 1165, la naissance du futur Philippe-

Auguste, premier fils tant attendu du roi de France Louis VII, futur grand ennemi de Richard, était venue contrarier les projets d'Aliénor, de briguer le royaume de France pour Henri le Jeune frère aîné de Richard, marié à Marguerite de France, fille de Louis VII... Enfin, en 1166, après la naissance de ses autres frères et sœurs, Aliénor, Jeanne et Jean, son père, Henri II, se détacha de son épouse pour vivre en Angleterre avec la belle Rosemonde... Ce fut, pour Richard, la peine de la séparation de ses parents, marquant la fin de l'enfance et le début des difficultés qui allaient affecter sinon bouleverser toute sa vie.

CHAPITRE II

RICHARD, DUC D'AQUITAINE, ET LE LIMOUSIN
1169-1189

Richard, par Aliénor, Duc d'Aquitaine

Réfugiée en sa cour de Poitiers, la reine Aliénor en ce début de l'an 1169, était une femme blessée par l'affront de son époux, Henri II, qui vivait maintenant ouvertement avec la belle Rosemonde Clifford. Elle reportait tout son amour sur ses enfants et souhaitait, en secret, les opposer à leur père en asseyant leurs pouvoirs sur leurs héritages respectifs : à Henri le Jeune, la Normandie et l'Anjou, à Richard, le Poitou et l'Aquitaine, à Geoffroy, la Bretagne.

Aussi, se réjouit-elle de l'initiative de son époux qui suscita, en vue de faire la paix, une entrevue avec le roi de France, Louis VII, à Montmirail, près de Vendôme, le 6 janvier de cette année là, jour de l'Epiphanie. Le roi d'Angleterre, respectueux des usages féodaux, entendait être accompagné de ses trois fils afin de les faire prêter hommage à leur suzerain, le roi de France, pour les fiefs qu'il leur destinait sur la terre de France.

- Seigneur, en ce jour de l'Epiphanie où les trois rois ont apporté leurs présents au Roi des rois, je recommande à votre protection mes trois fils et mes terres[6]".

Par ces mots, adressés par son père Henri II au roi Louis VII, Richard, parmi ses frères, entrait, pour la première fois, dans la vie publique. Il avait 12 ans.

– "Puisque le roi qui reçut les dons des mages semble avoir inspiré vos paroles, répondait Louis, puisse-t-il aider vos fils, en prenant possession de leurs terres, à le faire sous le regard de Dieu".

Nul doute que pour le roi Louis VII, ces hommages émouvants étaient remplis d'enjeux politiques : ils lui étaient rendus par les trois fils de sa première épouse, qui étaient destinés à posséder une large part du royaume de France.

C'est en ce même jour que fut conclue pour sceller la paix entre les deux rois selon les usages féodaux, une promesse de mariage nouvelle entre Richard et la deuxième fille de Louis VII et de sa seconde épouse, Constance de Castille. Aélis ou Adélaïde - c'était son nom

- allait, à 9 ans, venir vivre, selon la coutume, auprès de sa nouvelle famille ; une vie tourmentée aux lourdes conséquences.

C'est encore lors de cette entrevue, en présence de Richard et de ses frères, que le roi Louis VII tenta de réconcilier Thomas Becket et le roi Henri II. Les deux hommes avaient été d'abord très liés, dans leur vie de débauche comme dans la vie politique, et Henri II, ayant apprécié sa vive intelligence et ses conseils, l'avait nommé chancelier d'Angleterre. Mais l'influence de Becket sur le roi était si grande qu'Aliénor elle-même en avait pris ombrage. Henri II, aux prises dans son royaume avec la puissance de l'Eglise, eut l'idée de la réduire en le faisant ordonner prêtre pour le consacrer ensuite archevêque de *Cantorbery*, certains qu'ensemble ils dompteraient l'Eglise d'Angleterre. Mais Thomas Becket, à peine investi dans cette haute fonction de chef suprême, changea totalement. Désormais vêtu de bure, ayant donné tous ses biens aux pauvres, il se mit au service de Dieu et refusa toute soumission à Henri II reconnaissant la toute puissance de l'Eglise d'Angleterre. Henri II, furieux, l'accusa de traîtrise, et les rapports entre les deux hommes s'envenimèrent tant que l'archevêque de Cantorbery s'enfuit en France et se réfugia à l'abbaye de Pontigny.

Le roi Louis VII tenta donc de les réconcilier à Montmirail... Thomas Becket s'en remit au roi de France pour juger des difficultés qui l'opposaient à Henri II...

"sauf l'honneur de Dieu". Scène que le jeune Richard n'oubliera pas, et qui aura, dans le cours très proche de sa vie, une lourde incidence.

A la cour de Poitiers, la vie s'organisait en cet an de grâce 1169 autour d'Aliénor, plus que jamais duchesse d'Aquitaine. Sa rancœur contre son époux Henri II ne s'émoussait pas et elle veillait à la communiquer à ses fils tout en s'activant pour que passent entre leurs mains les pouvoirs de leur père.

Aussi fut-elle heureuse, en mai 1169, de la réception offerte à Nantes par Henri II à leur fils Geoffroy, au cours de laquelle il fut reconnu futur duc de Bretagne. A la cour de Noël de cette même année, à Nantes également, en assemblée plénière, Geoffroy, devant son père et ses frères, fut confirmé duc de Bretagne.

Pour Richard, ce fut tout d'abord Niort, à Pâques 1170, où, lors d'un plaid somptueux, il devait être confirmé duc d'Aquitaine et présenté à tous ses vassaux parmi lesquels, bien sûr, les seigneurs limousins. Aliénor, au nom de Richard, annula alors les confiscations opérées au nom d'Henri II, ralliant ainsi à son fils les suffrages de ses barons.

Puis, en repassant par Poitiers, pour la fête de la Trinité, Richard reçut le titre honoraire d'abbé de Saint-Hilaire. L'archevêque de Bordeaux, Bertrand, et l'évêque de Poitiers, Jean, lui présentèrent la lance et l'étendard, symboles de sa dignité.

Mais c'est à Limoges que le jeune Richard allait recevoir, de l'Eglise, l'onction mystique du duché d'Aquitaine, en la seule présence d'Aliénor, son époux ayant regagné l'Angleterre avec Henri le Jeune. Aliénor avait voulu les fêtes superbes et les habitants de Limoges ne furent pas en reste, fiers de faire mieux que Poitiers qu'ils jalousaient en secret, s'estimant de plus vieille origine ; en effet, leur ville avait été créée par le géant Lemovic, aux temps bibliques de Gédéon, alors que Poitiers avait été fondée par Jules César. Ils étaient surtout heureux de célébrer la consécration de leur suzerain, duc d'Aquitaine, en la seule présence d'Aliénor, leur duchesse ; ils conservaient un triste souvenir d'Henri II.

Aliénor avait souhaité faire revivre, lors de la cérémonie, une vieille coutume de Limoges qui avait autrefois présidé à l'intronisation des ducs d'Aquitaine, notamment à celle de son grand-père, Guillaume IX, en 1086 : la remise au nouveau duc de l'anneau de Sainte Valérie. Cette jeune martyre était l'orpheline d'un certain Léocade, parent de César, chargé, en l'an 42, du gouvernement de la région. Fiancée à Tève, qui devait être le successeur de son père, Valérie avait été, pendant l'une des longues absences de son fiancé, convertie par Saint-Martial. Désirant désormais se vouer au Christ, elle le fit savoir, dès son retour, à Tève, qui, furieux, lui fit couper la tête lors d'une cérémonie religieuse que présidait Saint-Martial. C'est alors que, ramassant sa tête, elle s'avança vers le maître-autel où elle tomba, morte, aux pieds de Saint-Martial. Le bourreau fut saisi d'abord de stupeur, puis par la grâce, ainsi que de nombreuses personnes de l'assistance dont le fiancé Tève. Cette scène devait être souvent représentée, en Limousin, par les sculpteurs et émailleurs la remise de l'anneau de Sainte Valérie symbolisant le mariage des ducs avec l'Eglise d'Aquitaine. Or, il se trouvait que, justement, les moines de l'abbaye de Saint-Martial, dépositaires de l'anneau de Sainte Valérie, venaient d'exhumer de leurs archives une vie de la sainte. Aussi Aliénor avait-elle souhaité reprendre cette pratique, d'ailleurs liée à la suprématie du siège épiscopal de Limoges.

Toute la ville était en effervescence : au "Château" – cette partie de la ville où s'élevaient l'abbaye de Saint-Martial et le château vicomtal, – sur les bords de la Vienne où des tentes avaient été dressées et sur les murailles des remparts où s'était installée la population, mais surtout, dans la "Cité" puisque la cérémonie devait se dérouler à la cathédrale Saint Etienne.

Selon la chronique de Geoffroy de Vigeois, qui fut le témoin oculaire de la journée, les festivités commencèrent par une entrée quasi royale, dans la ville, d'Aliénor et de son fils, précédés par de nombreux seigneurs accompagnés de leur "mesnie", leurs bannières aux riches couleurs claquant au vent. Le ban et l'arrière-ban avaient en effet été convoqués. Tous se rendirent devant la cathédrale Saint-Etienne, à la porte de laquelle le jeune duc fut reçu par une longue procession de clercs et de moines qui l'escortèrent jusqu'à l'autel. Richard fut ensuite revêtu d'une tunique de soie et reçut, à son doigt, l'anneau de Sainte Valérie. Il contractait ainsi une sorte de mariage mystique avec la cité de Limoges et, au-delà, avec l'Aquitaine.

Couronné d'or, l'étendard en main, il reçut l'épée et les éperons avant de prêter serment sur l'Evangile. A 12 ans, le jeune duc s'engageait "à protéger la justice, à combattre l'iniquité, à défendre la veuve et l'orphelin". Ses vassaux limousins prêtèrent hommage à leur nouveau suzerain.

Puis le nouveau duc entendit la messe au cours de laquelle retentit une musique sacrée, magnifiée par les célèbres voûtes de granit, de l'abbaye de Saint-Martial ; celle-ci était alors le centre musical le plus fameux de la France du sud de la Loire. A l'évidence, l'abbaye participait aux honneurs rendus à Richard et à la reine Aliénor prenant ouvertement leur parti au détriment du roi Henri II qui avait eu par deux fois, on l'a vu, l'occasion de se heurter à l'abbé de Saint-Martial.

Après les cérémonies, tournois et banquets se succédèrent, à la grande joie de la foule.

Pour marquer son passage et remercier la cité de Limoges, Aliénor, avant son départ, fit poser, avec Richard, la première pierre d'une nouvelle église dédiée à Saint Augustin.

On imagine l'impression que laissa au jeune duc de 12 ans, Richard, le faste de ces cérémonies. Son caractère "aquitain" dut en être, à coup sûr, renforcé ; il avait senti l'attachement à sa personne des seigneurs aquitains, et particulièrement limousins, qui affichaient au contraire leur opposition à son père Henri II.

Après Limoges, la reine et son fils allaient parcourir leurs domaines de la Loire aux Pyrénées, visitant un à un plusieurs de leurs vassaux avant de regagner Poitiers.

Ayant appris les fastes des cérémonies réservées à Richard, Henri II, de son côté, entreprit de faire couronner son autre fils, Henri le jeune, roi d'Angleterre. Les festivités eurent lieu le 14 juin 1170 à Cantorbery, non en présence de son archevêque, mais devant l'archevêque d'York, faisant apparaître plus grave encore, aux yeux de tous, ses différends avec Thomas Becket.

Le roi de France, Louis VII, allait tenter, à Fréteval, le 22 juillet 1170, fête de Sainte Marie-Madeleine, une nouvelle réconciliation entre le roi d'Angleterre et son ex-chancelier, l'archevêque de Cantorbery. L'entrevue semblait favorable, mais le roi Henri II refusa le baiser de paix...

Le roi Henri était à Domfront, en Normandie, le 10 août, lorsque, malade, il voulut dicter ses volontés, rappelant les possessions destinées à ses fils : à Henri le Jeune, l'Angleterre, la Normandie et l'Anjou, à Richard, l'Aquitaine, et à Geoffroy, la Bretagne. Craignant pour sa vie, il demanda à être enterré à Grandmont, en Limousin, aux pieds de Saint Etienne de Muret, fondateur du monastère. Bientôt rétabli, il entreprit un pèlerinage en action de grâce, à Rocamadour, pour la Saint-Michel (le 29 septembre 1170) et demanda à sa famille de le rejoindre pour la cour de Noël, à Bures en Normandie, ce qu'Aliénor, malgré ses réticences, accepta.

Ainsi, tous se retrouvèrent en la fête de Noël. Mais Henri II s'y montra plus préoccupé par son différend avec Thomas Becket que par ses prières ou sa famille. Il en parlait sans cesse, tout en le maudissant, devant les barons réunis ; certains s'éclipsèrent... Ils ne revinrent que plus tard, après que la nouvelle, terrible, fut parvenue à Bures : l'archevêque de Cantorbery avait été assassiné sur les marches de son autel, le 29 décembre. Dans tout l'Occident, ce fut l'effroi dont témoignèrent les émailleurs limousins sur les châsses représentant Thomas Becket. Même les Grandmontais, "qui vouaient une si vive affection à Henri II pour tous ses bienfaits", protestèrent. Leur prieur d'alors, Guillaume de Treignac "renvoya sur le champ tous les ouvriers que le prince entretenait à ses frais à Grandmont pour l'achèvement de l'église et des cloîtres"[7]. La peine affectée par Henri II ne suffisant plus à faire taire les accusations contre lui, il décida de se retirer en Irlande, puis en Angleterre, et fut excommunié par le pape tandis que le royaume était mis en interdit pendant près de deux ans.

Aliénor et Richard rentrèrent à la cour de Poitiers et ne revirent Henri II que deux ans plus tard, à la Cour de Noël 1172.

Richard, pour Aliénor, Duc d'Aquitaine

De 1170 à 1173, ce fut la grande époque de la cour de Poitiers. Aliénor y régnait en dame souveraine, créant une atmosphère raffinée et lettrée que poètes et troubadours n'allaient cesser de chanter et qui allait marquer toute l'adolescence et la vie du jeune Richard.

Certes, Aliénor, dans son désir d'asseoir le pouvoir de son fils Richard, se préoccupait de politique. Tout en ménageant les représentants de l'Eglise, elle avait su se faire des alliés des bourgeois en concédant des chartes. Elle se concilia, aussi, bien des seigneurs limousins, hostiles au pouvoir du roi "étranger" qu'était le roi d'Angleterre et favorables, au contraire, au duc Richard. Elle s'était entourée de clercs dont elle suivait scrupuleusement les conseils. Elle avait compris l'importance de promouvoir les chevaliers, de donner à cette nouvelle caste de la noblesse - à côté des féodaux de vieille souche aux pouvoirs concédés par le roi - l'espoir d'atteindre les sommets par l'héroïsme, et un mode de vie exemplaire. Protecteurs de la veuve et de l'orphelin, braves et généreux, ils faisaient preuve de courtoisie comme du plus grand respect du sacré.

C'est dans ce cadre, par goût et par nature, en digne descendante de son grand-père, le premier troubadour, Guillaume IX, duc d'Aquitaine, qu'Aliénor sut maintenir et porter à son apogée l'atmosphère de courtoisie que, déjà, elle avait vécue à Poitiers après son divorce du roi de France, Louis VII, et au tout début de son remariage avec Henri II, alors simple duc de Normandie et comte d'Anjou. C'était aux temps heureux où Bernard de Ventadour, son cher poète limousin, formé à l'école de son seigneur Eble en son château de Ventadour, la chantait avec art et sincérité :

" *Totz la joys del mon es nostre*
Toute la joie du monde est nôtre

Dompna, s'amduy nos amam
Dame, si tous deux nous aimons...",

ou bien
"Chanter ne peut guère valoir
S'il ne part du cœur même
Mais rien ne peut du cœur partir
S'il n'y est fine amour enclose..."

Bernard n'était plus auprès d'elle, elle qu'il avait pourtant nommée son "Aimant". Après des mois de tendre connivence, las de l'indifférence qu'elle lui témoignait depuis son remariage avec Henri, il s'était réfugié au comté de Toulouse. Mais il avait laissé un sillage profond. Avec lui, le *Fine Amor*, l'amour courtois, avait atteint des sommets. Son art délicat, traduisant la sincérité de son amour impossible vécu au plus profond de son être, avait fait école et de nombreux jeunes troubadours l'imitaient, composant des chansons, les *ensenhamens*, vantant la beauté et le mérite de leur dame, respectée et honorée - comme Aliénor l'avait été - qu'il faut servir par prouesse et dépassement de soi.

Parmi eux, Arnaud Daniel, Bernard Marti, Peire Rogier et les Limousins Guiraut de Bornelh et, plus tard, Bertrand de Born... mais aussi Richard lui-même qui, déjà, écrivait en l'honneur de sa "comtesse-sœur", en fait sa demi-sœur, Marie de Champagne, et pour... Bérangère de Navarre, sa première "fiancée", qui était passée par Poitiers...

La cour, luxueuse et raffinée, abritait, autour d'Aliénor, de nombreuses dames : Marie de France, auteur des "Lais" demi-sœur du roi Henri II, Marie de Champagne et Alix de Blois, premières filles du premier lit d'Aliénor, souvent présentes ; Marguerite de France, future épouse d'Henri le Jeune, Constance de Bretagne, promise de Geoffroy, Aliénor et Jeanne, ses plus jeunes filles, ses amies Isabelle, comtesse de Flandres, Ermengarde, comtesse de Narbonne, se joignaient à elles sans compter toute sa "mesnie" Guillaume le Maréchal, son connétable Hughes de Faye, son chapelain, Pierre, son panetier, Saldebreuil, tous les jeunes bacheliers ou chevaliers, certains de passage... S'y arrêtaient fréquemment, tous ses vassaux, poitevins comme le vicomte de Thouars, les seigneurs de Lusignan et de Châtellerault, berrichons comme les seigneurs de Châteauroux, d'Issoudun, limousins comme ceux de Turenne, de Ventadour, de Limoges, les comtes d'Angoulême, du Périgord, de la Marche et d'Auvergne.

A tous se mêlaient clercs et poètes, contribuant à apporter à la cour des influences diverses : mystico-religieuses, musulmanes, celtiques. C'est l'époque où Chrétien de Troyes - dont une chanson reprend la célèbre "Alouette" de Bernard de Ventadour - remet au goût du jour la légende arthurienne, traduite par Geoffroy de Monmouth ; il peignait le parfait chevalier courtois, Lancelot, montrait la force de l'Amour avec Tristan et Yseult, décrivait, dans Erec et Enide, des scènes qui étaient le reflet de quelques moments forts de la vie de la cour de Poitiers. Près de lui, parfois en Angleterre, Wace composait le *Roman de Rou*, et Benoît de Sainte-Maure, son *Roman de Troie,* en l'honneur d'Aliénor.

Longtemps, dans les chroniques, la cour de Poitiers ne fut évoquée que pour ses jeux de société, ses cours d'amour, ce qu'André le Chapelain transcrira... C'est que la littérature de l'époque, religieuse, souvent misogyne, et peu favorable à Aliénor, n'a pas su rendre à la reine la part qu'elle méritait dans cette éclosion intellectuelle, cette découverte de l'"amour vrai", cette transformation de la mentalité occidentale dont le creuset fut la cour de Poitiers.

Quant à Richard, dont cette atmosphère avait baigné l'adolescence, sa vie en restera profondément marquée ; il souhaitera toujours incarner le chevalier parfait, héros de légende et serviteur de Dieu.

En septembre 1171, il venait d'avoir 14 ans, âge de sa majorité, et c'est donc en responsable qu'il accueillit, avec sa mère, leurs vassaux, notamment limousins, à la cour de Noël qu'ils réunirent en Aquitaine. Puis, la vie reprit, tantôt à Poitiers, tantôt par les chemins en longues chevauchées ou à la chasse, en Limousin notamment car la région était très giboyeuse. Ils étaient à Limoges, en juin 1172, pour recevoir la visite des rois de Navarre et d'Aragon, Sanche VI et Alphonse II[8].

Pendant des mois - depuis le meurtre de Thomas Becket - Aliénor et Richard n'avaient pas revu le roi Henri II. On apprit qu'à Avranches, le 21 mai 1172, le roi d'Angleterre, en chemise et à genoux, avait clamé son innocence pour le crime de Thomas Becket, s'était fait flageller, en pénitence de la haine qu'il avait exprimée à son égard, et s'était engagé à remettre à l'Eglise d'Angleterre les biens qui lui revenaient. De ce fait, l'interdit fut levé sur son royaume et c'est pardonné qu'il revint sur la terre de France non sans avoir fait couronner une seconde fois son fils Henri le Jeune, accompagné de son épouse Marguerite de France, ce qui n'avait pas manqué de satisfaire le roi Louis VII...

La cour de Noël 1172 réunit, une fois encore, la famille tout entière à Chinon. Mais l'atmosphère familiale ne fut guère agréable. Henri II avait, certes, fait couronner ses fils, mais entendait garder le pouvoir. Or, il s'était vite aperçu que les seigneurs d'Aquitaine, s'ils étaient favorables à leur duc Richard, et à Aliénor, lui étaient franchement hostiles. Aussi, dès février, il se dirigea vers l'Auvergne où il rencontra quelques barons à Montferrand. Puis, il réunit une assemblée, à Limoges, en présence de ses fils, Richard et Henri le Jeune.

C'était en mars 1173. Henri II apparut, devant cette assemblée, au faîte de sa puissance, bien décidé à affirmer son pouvoir et à faire état de la puissance des Plantagenêt. Il annonça, sans avoir demandé leur avis, les futurs mariages de ses filles, Jeanne avec le roi de Sicile, Aliénor avec le Roi de Castille, et de son fils Jean - qui avait 7 ans - avec l'héritière de Maurienne, Alix. En vue de cette union, il avait prévu de doter celui que jusque-là on nommait Jean sans Terres, lui offrant l'Irlande et quelques châteaux, dont Chinon, Loudun et Mirebeau.

Devant ses fils et barons, il réaffirma son pouvoir suprême et se réjouit de la venue à Limoges du comte Raymond V de Toulouse *vir audax strenuus et formosus* - (homme hardi, vif et beau)[9] -. Pourtant, ce dernier, très habile, ne venait pas prêter un hommage vassalique, réservé au suzerain de droit, comme l'aurait souhaité Henri II, mais affirmer un simple engagement personnel au seigneur qu'était Henri II par l'hommage lige. Il voulait acquérir sa bienveillante neutralité, ne comptant plus sur le roi de France Louis VII, dont il venait de répudier la sœur, Constance, pour épouser la veuve du comte Raymond-Béranger II de Provence.

Bref, tout semblait sourire à Henri II... mais les choses se gâtèrent vite. Ce fut, tout d'abord, Henri le Jeune qui fit part de son mécontentement de se voir dépouiller des châteaux que son père destinait à Jean, sur un ton qui rappelait à son père la réplique qu'Henri le Jeune lui avait faite, quelques années auparavant, lorsqu'Henri II, le servant à table, après son sacre, lui avait dit en souriant l'honneur qu'il lui faisait. Henri le Jeune n'avait-il pas osé lui répondre : "Mais ce n'est pas inhabituel de voir un fils de comte servir un fils de roi"[10]. Il avait osé plus encore à Limoges réclamant le vrai pouvoir en son royaume d'Angleterre.

Ce fut également l'aparté qu'il eut avec Raymond V de Toulouse, qui tenta de déciller Henri en lui montrant combien cet esprit de rébellion chez ses fils était orchestré... sans doute par la reine Aliénor, toujours hostile à son époux[11].

La grande salle du vieux palais vicomtal de Limoges fut ainsi le théâtre des débuts de la rébellion des fils, les "Aiglons", contre leur père, signe avant-coureur de désastres. Se dévoilait ici la fragilité de l'empire Plantagenêt, "colosse aux pieds d'argile..." comme dans le rêve de Nabuchodonosor.

Cette rébellion allait rapidement se concrétiser. Henri II, méfiant, décida de quitter Limoges avec son fils Henri le Jeune pour le surveiller et lui parler. Ils chevauchèrent et dormirent de concert jusqu'à Chinon, où ils étaient ensemble le 7 mars. Mais, le 8 mars au matin, Henri II, à son réveil, constata la disparition d'Henri le Jeune. Ses recherches furent vaines pour le retrouver ; il apprit vite que son fils avait gagné la cour de France, où il avait rejoint ses autres frères, Richard et Geoffroy, bien décidés, avec l'aide du roi Louis VII, à en découdre avec leur père.

Au même moment ou presque, en avril 1173, des barons aquitains, certains limousins, se soulevèrent contre Henri II, soutenant ouvertement ses fils passés au roi de France, trop contents d'écarter "l'étranger". Ainsi de Geoffroy de Lusignan, Geoffroy de Rancon, Raoul de Mauléon et bien d'autres encore, tous membres d'une ligue formée contre Henri II, dès 1168. Le vicomte Aymard V de Limoges restait neutre. Peut-être était-il préoccupé par son conflit avec son ex-tuteur, son oncle

Bernard, doyen de Saint-Yrieix, à qui il disputait la propriété du château d'Excideuil ; ou peut-être ne défendit-il pas Richard, son suzerain, car il préférait encore l'autorité du roi d'Angleterre, son père.

Cette autorité d'Henri II était cependant bien menacée. Outre ses fils, aidés du roi de France, et les ligues dirigées contre lui de ses vassaux aquitains, le roi voyait l'Angleterre elle-même commencer à se soulever. Il se sentait très isolé.

Louis VII proposa une entrevue à Gisors. Elle fut sans résultat. Le roi de France s'occupa à choyer les fils du Plantagenêt : son gendre, Henri le Jeune, époux de Marguerite, mais aussi Richard, qu'il fit armer chevalier.

Dans les assemblées, on proclamait que le roi d'Angleterre "n'était plus roi désormais". Prompt à la réaction, Henri II engagea, à prix d'or, plus de 20 000 mercenaires sur lesquels il pouvait compter – il se méfiait de ses vassaux, même fidèles, qui n'étaient tenus qu'à un service de quarante jours par an. Ces mercenaires, souvent vacants, dispersés et non payés, laissèrent des souvenirs de ravages et pillages en Limousin. On comptait parmi eux des Brabançons, des Flamands, des Basques, des Hannuyers, des Aspères, des Paillers, des Navars, des Tureaux, des Romains, des Cotereaux, des Catalans et des Aragonnais[12].

Avec eux, Henri II se hâta par étapes forcées vers les lieux de la rébellion : Aumale, le 20 juin 1173, Verneuil et bien d'autres châteaux d'Aquitaine dont les seigneurs s'étaient ralliés aux fils Plantagenêt. Sa rapidité, son efficacité, ses qualités guerrières lui valurent victoire sur victoire, et ses fils se retrouvèrent bientôt en mauvaise position. Richard s'était réfugié à Saintes d'abord, puis au château de Taillebourg ; ce dernier appartenait à Geoffroy de Rancon et la reine Aliénor y avait passé sa première nuit de noces avec Louis VII, son premier époux. Est-ce là qu'il apprit la capture de sa mère, Aliénor précisément, qui, devant le danger, tentait, déguisée, de se réfugier à la cour de France ? Toujours est-il que la reine et une grande partie de sa cour furent transférées à Chinon sur l'ordre d'Henri II qui devait, dès juillet 1174, la conduire en Angleterre et l'y détenir prisonnière pendant dix ans à Salisbury mais aussi à Cantorbery ou Winchester.

Le roi d'Angleterre avait renoué avec la gloire mais c'était bien "le deuil éclatant du bonheur"[13]. Sa femme, ses fils, tous étaient contre lui, à part, peut-être Jean sans Terre. Nul doute qu'il en souffrait. Il est vrai qu'il avait Rosemonde...

Aussi, ne se fit-il pas prier lorsque, en septembre 1174, son fils Richard, retiré en Poitou, lui fit savoir qu'il implorait son pardon. Ce fut à Poitiers, le 23 septembre, que le roi Henri pardonna à son fils Richard, comme à ses deux autres fils, Henri le Jeune et Geoffroy.

Richard, pour Henri II, Duc d'Aquitaine

La nouvelle du pardon et du rapprochement d'Henri II et de son fils Richard fut un coup terrible pour Aliénor. Elle avait souffert de ne pas voir ses fils, et surtout Richard, voler à son secours lorsqu'elle avait été faite prisonnière par son époux. Mais cette soumission de Richard à son père était pire encore.

Ce fut également un coup terrible pour les seigneurs aquitains, notamment limousins, qui, jusque-là, avaient soutenu Richard dans sa lutte contre son père. Qui, mieux que Bertrand de Born, ce troubadour, limousin précisément, épris de guerre plus que de dames, ne sut alors exprimer cette amertume devant cette volte-face de Richard, lorsqu'il le surnomma "*OC e NO*" (Oui et non) ?

"*Papiols, d'agradatge*
Papiol, de ton plein gré

Ad Oc e no t'en vaï viatz
Va vite auprès de Oui et non

E dijali que trop estai en patz

et dis-lui qu'il reste trop longtemps en paix"

Une autre interprétation pourrait être donnée à ce surnom : Richard, capable d'épouser la cause *OC* avec toute son énergie et, quelque temps après, de même, la cause *NO*... C'est en tout cas exactement ce qui se passa : le jeune duc d'Aquitaine, totalement rallié à son père, allait, du jour au lendemain, combattre ceux qui, jusque-là, avaient été ses alliés et compagnons de lutte.

Richard se vit confirmer par son père, à Falaise en octobre 1174, dans ses pouvoirs sur le Poitou, sous l'autorité d'Henri II ; qu'il rejoignit à Argentan pour la cour de Noël 1174 et lui rendit hommage au Mans le 2 février 1175... Les barons limousins firent alors savoir leur hostilité.

C'est ainsi que commencèrent de sombres années pour le Limousin... Dès 1176, une ligue se formait contre Richard, comprenant Vulgrin III et son frère Guillaume V d'Angoulême, Adalbert de la Marche, Raimond, vicomte de Turenne, Eble de Ventadour, Eschivat de Chabannais et Guillaume Matha.

C'est à Aymard V de Limoges que Richard allait d'abord s'attaquer. En mai, il prit son château d'Aix, défendu par quarante chevaliers, puis obligea le château de Limoges à capituler[14]. Le vicomte Aymard V de Limoges se réfugia alors à Angoulême auprès de ses demi-frères Vulgrin III et Guillaume V.

Ils étaient, en effet, tous trois issus de la même mère, Marguerite de Turenne, qui avait eu Aymard de son premier époux, Aymard IV, vicomte de Limoges. A la mort de ce dernier, elle avait été "recueillie" par Ebles II de Ventadour qui lui avait fait épouser son fils, Ebles III, dont elle eut une fille, Matabrune.

A la cour de Ventadour, elle fut chantée et aimée, avec la force d'un premier amour, par Bernard de Ventadour, le fils de la fournière et protégé du vicomte, dont il prit le nom en tant que poète. Son époux prit ombrage de cette relation et la répudia. Revenue à la cour de Limoges, elle y resta peu car elle épousa, en troisièmes noces, le comte d'Angoulême, dont elle eut six enfants, Vulgrin et Guillaume étant ses deux aînés.

Ainsi, Aymard V, qui avait adopté jusque-là une politique de neutralité, prenait ouvertement le parti de ses frères d'Angoulême. Auparavant, il se sentait redevable à Henri II, qui l'avait soutenu contre ses premiers tuteurs et lui avait donné sa parente, Sara de Cornouailles, en mariage. Par ailleurs, il avait eu à gérer de sérieux conflits avec son oncle Bernard, doyen de Saint-Yrieix. Mais, à l'heure où il se réfugiait à Angoulêmes, ce conflit était achevé. L'attaque qu'il venait de subir à Limoges de la part de Richard, agissant pour son père, et la résolution guerrière des ligueurs contre Richard et Henri II, représentant le "pouvoir étranger", finirent de le persuader. Il se rangea clairement avec les ligueurs.

Les troupes de mercenaires, commandées par Richard, poursuivaient leur avance. Le duc d'Aquitaine prit Châteauneuf et Moulineuf, puis vint assiéger Angoulême, qui capitula au bout de six jours. Plusieurs seigneurs furent faits prisonniers et envoyés en Angleterre à Henri II qui devait les renvoyer à Richard en Normandie[15].

Les opérations avaient cessé en Limousin. Richard était en sa cour de Poitiers, où ses frères et le roi Henri II vinrent le rejoindre. Ils y tinrent leur cour de Pâques 1176. Sans doute décidèrent-ils là du sort à réserver aux prisonniers. Le roi leur prescrivit, par pénitence, une expédition à Jérusalem.

Mais les mercenaires, laissés inoccupés, se répandirent en Limousin et y semèrent la terreur. En juillet 1176, après avoir ravagé Yssardon, ils se réfugièrent à Malemort, près de Tulle.

Durant l'hiver qui suivit, Richard était à Poitiers. En Limousin, la confusion régnait. Les barons y étaient si divisés, entre partisans et ennemis de Richard, que, même en son absence, ils se battaient pour un rien. Ainsi,

Archambaud de Comborn, s'étant permis de traiter Gilbert de Malemort de "Papegaï" (perroquet) car il portait un habit de différentes couleurs, déclencha les hostilités. Archambaud était un ennemi déclaré de Richard, alors que Gilbert affichait sa fidélité à ses suzerains, le parti anglais. Dans leur lutte, Archambaud et son frère perdirent la vue, un autre frère, la vie... Puis Gilbert ravagea les terres de son ennemi et, dans la semaine de Noël, fit plonger des prisonniers dans une rivière d'où on les retirait en les soulevant par leur barbe gelée[16].

Le 2 février 1177, Richard fit savoir, de Poitiers, qu'il renvoyait ses mercenaires. Inoccupés et maintenant non payés, ces derniers poursuivirent de leur chef leurs ravages en Limousin. Le nouvel abbé de Saint-Martial de Limoges, Isambert, élu à sa charge en 1174 (il l'occupera jusqu'en 1198) organisa alors contre eux une véritable expédition. Il "*encouragea publiquement le peuple à prendre les armes, lequel accourut avec un grand empressement et alla chercher le vieil évêque de Limoges, à demi aveugle, qui, séjournant alors à Grandmont, le suivit avec joie*"[17].

Ce fut le 21 avril 1177, jour du jeudi saint, que près de Malemort, à six heures du matin, eut lieu la rencontre entre Brabançons et Basques, et les seigneurs limousins organisés en quatre corps commandés par Aymard V de Limoges, Archambaud de Comborn, Olivier de Lastours et Eschivat de Chabannais. Le choc fut rude et il y eut de nombreuses victimes dans les rangs des mercenaires, dont leur chef, Guillaume Leclerc. Un seul chevalier limousin, Pierre Itier, devait périr dans ce combat, qui prit fin quelque cinq heures plus tard.

Au cours de l'été 1177, Henri II était à ses affaires, et en Angleterre où devait mourir la belle Rosemonde, au monastère de Godstow. Il allait la remplacer, dans sa luxure affichée, par la jeune Adélaïde ou Alaïs de France, promise à Richard. Aussi, le 21 septembre, lorsqu'il rencontra le roi Louis VII à Ivry, éluda-t-il la question du mariage de Richard et d'Alaïs...

Quant à Richard, devenu de plus en plus combatif, il venait d'être surnommé "Cœur de Lion" par Géraud de Barri. Il revenait d'une expédition dans les Landes pour protéger les pèlerins de Compostelle, dont l'église avait été édifiée par les maçons limousins... et s'était heurté à son frère, Henri le Jeune, pour l'avoir vu accomplir une mission qu'il pensait sienne.

Il repartit pour le Limousin dès le mois de novembre, afin de punir Aymard V d'avoir pris le parti de ses demi-frères d'Angoulême. Il prit le château de Limoges, où il fut rejoint par son père Henri II "décidé à se venger des rebelles de 1174"[18].

En décembre 1177, il était avec Henri II à Grandmont où, en présence de Guillaume d'Aix, le comte

Aldebert de la Marche n'ayant plus de postérité (il avait répudié sa femme et venait de perdre son fils) vendit son comté au roi d'Angleterre pour 15 000 livres, 20 mules et 20 chevaux de bataille, afin de se donner les moyens d'une expédition-pénitence à Jérusalem[19].

Puis Henri II et Richard occupèrent l'Angoumois et le Périgord, confiant au passage Cognac au bâtard de Richard, Philippe, avant de regagner Angers où se tint, cette année-là, la cour de Noël du roi et de ses fils.

L'année 1178 se déroulera encore sous le signe de la révolte limousine, mais cette fois les difficultés émaneront du clergé. Fidèles à leur duchesse Aliénor, et donc rebelles à Henri II et à Richard, les chanoines de la cathédrale de Limoges venaient d'élire pour évêque, après la disparition de Gérald du Cher le 8 octobre 1177, l'un des leurs, Sebrand Chabot, dont la famille était ouvertement contre le parti anglais. Henri II dépêcha Richard à Limoges pour les punir, ce que fit le jeune duc en expulsant le chapitre. Aucune cérémonie liturgique n'allait être célébrée en la cathédrale pendant près de deux ans. L'évêque Sebrand Chabot fut, cependant, à la demande du pape, consacré par l'archevêque de Bourges. Il ne devait être reconnu par Henri II qu'en 1180, sous la bénéfique influence des moines de Grandmont, auxquels Henri restait plus que jamais fidèle.

L'abbaye de Solignac, qui avait reçu l'évêque Sebrand Chabot dès son élection, fut soumise à la vindicte d'Henri II. Elle subit un grave incendie. Mais Richard, plus souple que son père, accorda aux moines des lettres de sauvegarde.

La cour de Noël eut lieu, cette année-là, à Saintes. Elle fut fastueuse... mais sans Geoffroy de Rancon qui ne voulait plus rencontrer Richard, *Oc e No*.... Aussi, dès le début de 1179, Richard attaque le château de Pons, fief de Geoffroy de Rancon ; le siège durera jusqu'à Pâques. Le jeune duc prend également plusieurs châteaux alentour avant de s'attaquer au fief principal de Geoffroy de Rancon, Taillebourg, celui-là même où sa mère, Aliénor, avait passé sa première nuit de noces avec le roi de France, Louis VII. Geoffroy dut se rendre. Tous ses châteaux, dont Pons, furent rasés.

Pour en finir, et punir ces seigneurs, ligueurs rebelles, mais aussi les prisonniers, Henri II fit tomber sa sentence : une expédition en Terre sainte. Sur ce chemin mourront Guillaume-Taillefer d'Angoulême, à Messine le 7 août 1179, Olivier de Lastours, à Jérusalem en mai 1180, et Aldebert de la Marche, à Constantinople.

Profitant de cette accalmie, Richard avait rejoint son père en Angleterre. Il ne s'était pas encore réconcilié avec sa mère, Aliénor, et avait même accepté que, contrainte par son époux, elle lui cède ses droits sur l'Aquitaine. Il se laissait choyer par son père qui lui accorda même le titre de duc des Aquitains et comte des Poitevins, titre sous lequel il se présenta, à Reims au sacre du jeune Philippe Auguste, le 1er novembre 1179.

Mais, déjà, les relations de Richard avec son père, le roi Henri II, se tendaient. Le jeune duc savait mieux, depuis son voyage en Angleterre, les relations quasi incestueuses que son père entretenait avec la jeune Adélaïde de France, officiellement toujours sa promise. Philippe Auguste, comprenant cette situation, allait jouer un jeu habile, tentant de brouiller le fils avec le père en défendant l'honneur de sa demi-sœur.

Certes, Richard n'avait jamais éprouvé de sentiments pour Adélaïde. Ses penchants, souvent contre-nature, l'y aidaient. Mais, il en ressentait un véritable affront. Revenu dans ses terres, il pensa même épouser, par bravade mais aussi par intérêt, la fille unique de Vulgrin-Taillefer d'Angoulême, récemment mort à Messine. La jeune Mathilde, c'était son nom, lui aurait permis de prendre le pouvoir en Angoumois, en place de ses oncles soutenus par leur demi-frère, le vicomte Aymard V de Limoges. Mais Mathilde devait mourir peu après, en 1180.

Richard se trouvait alors plus sensible que jamais à son environnement.

Bertrand de Born, seigneur-troubadour de Hautefort, toujours épris de combats, chantait dans ses "sirventés" les plaisirs de la guerre :

"*E platz mi quan vei per lo pratz*
Il me plaît quand je vois sur le pré

Tendas e pabalhos fermatz
Tentes et pavillons dressés

Et ai grant alegratge
Et je ressens une grande joie

Quan vei per champanha rengatz
Quand je vois rangés dans la campagne

Chavaliers e chavals armatz

Chevaliers et chevaux armés"

Il savait mieux que personne que Richard était influençable. C'était lui qui l'avait surnommé *Oc e No...* Et il poussait Henri le Jeune contre Richard.

Philippe Auguste, qui allait être proclamé roi après la mort de son père, Louis VII, le 11 septembre de cette même année, continuait à mener son jeu, tentant de brouiller Richard et son père. Quant au vicomte Aymard V, il devait rentrer de Terre sainte dans sa bonne ville de

Limoges vers la fête de Noël de cette même année 1180. Provocateur et prudent, il s'occupait activement à reconstruire les fortifications de sa ville.

Pourtant, en 1181, Richard fut encore l'allié de son père et de son frère, Henri le Jeune, contre le comte de Périgord et ordonna qu'à Limoges, en juin, les murailles du Château soient une nouvelle fois abattues. Ainsi punissait-il le vicomte Aymard V d'avoir défendu ses demi-frères d'Angoulême qui prétendaient à la succession de leur neveu, Vulgrin III, fils de Guillaume-Taillefer, mort en cette même année 1181.

Le roi d'Angleterre, de son côté, s'était rendu, pour le carême, à l'abbaye de Grandmont, accompagné de l'évêque de Limoges, Sebrand Chabot, avec lequel il s'était réconcilié. Il affranchit les moines de la rente qu'il percevait en tant que duc d'Aquitaine et put admirer les travaux qu'il avait fait réaliser, notamment la couverture en plomb de l'église, plomb qui était arrivé de la Rochelle transporté par, dit-on, 800 chariots, chacun attelé de 8 chevaux !

Ensemble, Richard et son père poursuivirent, en 1182, leur lutte contre les seigneurs limousins. Ils attaquèrent, au printemps, l'un des châteaux d'Aymard V de Limoges, Excideuil, et ravagèrent les terres de Cosnac[20].

Les moines de Grandmont réunirent les parties en juin, tentant de les réconcilier. Mais leurs tentatives furent vaines. Richard, en effet, attaqua à nouveau Excideuil, sans succès, puis partit en Périgord, pendant que son père prenait Pierre-Buffières. Puis, le roi d'Angleterre et son fils, Henri le Jeune, fêtèrent la Saint-Martial à Limoges avant de rejoindre Richard[21]. Ce dernier ayant pris Puy-Saint-Front, le comte de Périgord, Hélie V Talleyrand, "dut traiter avec ses ennemis"[22]. La paix fut jurée "en l'église Saint Augustin de Limoges, au début de juillet 1182. Gages de cette paix, Aymard V dut donner deux de ses fils en otages : l'aîné et son dernier fils de 3 ans, Guillaume, et promettre de ne plus jamais aider ses frères d'Angoulême. Quant au comte de Périgord, il livra Puy-Saint-Front dont les fortifications furent détruites".

Pourtant, dès octobre de cette même année, le vicomte Aymard V fit attaquer le bourg de Saint-Germain- les-Belles. Richard dut reprendre une nouvelle fois la lutte, s'emparant, vers la Toussaint, du château de Blanzac en Augoumois[23].

La cour de Noël 1182 rassembla le roi et ses fils à Caen, à la demande expresse d'Henri II, qui entendait faire en famille plusieurs mises au point : son fils aîné, Henri le Jeune, revendiquait à nouveau ses droits de roi d'Angleterre. Henri II voulut que Richard et Geoffroy lui rendent hommage, ce que finit par accepter Geoffroy mais que refusa Richard, se retrouvant, de ce fait, en lutte contre son frère, Henri le Jeune, et en froid avec son père, Henri II.

Bertrand de Born poussait à la discorde et à la guerre... Quant au vicomte Aymard V, il profita sans tarder de cette brouille entre frères et, dès le début de 1183, s'alliant à Henri le Jeune et à Geoffroy, organisait une ligue de seigneurs limousins à laquelle appartenaient, notamment, "le comte de Périgord, Hélie, Guillaume-Taillefer d'Angoulême, Ebles de Ventadour, Archambaud de Comborn, Raymond de Turenne, Guillaume de Gourdon, les seigneurs de Puy-Guilhem, de Grignols, de Saint-Astier, Olivier de Chalais et Foucaud d'Archiac"[24]. Tous élirent Henri le Jeune comme leur chef. Ils attaquèrent Yssardon et Pierre-Buffières, fief d'Aymard V qu'avait occupé le roi Henri II.

Puis le vicomte de Limoges, Aymard V, furieux de constater que les bourgeois de sa ville refusaient de participer à la ligue ainsi que l'abbé de Saint-Martial, Isambert, revint à Limoges, les y contraint, obligeant l'abbé Isambert à se réfugier à la Souterraine, et Richard à intervenir. Après une chevauchée de deux jours et deux nuits, Richard tenta, sans succès, de faire prisonnier Aymard V. Puis il attaqua les Basques de Raymond Brun et Guillaume Arnaud, près d'Aix. Il tua le neveu de Raymond Brun qu'Aymard V avait fait chevalier au château de Ségur lors des fêtes de Noël précédentes ; quant aux Basques, il "en fit noyer plusieurs, en fit passer quelques-uns par le fer et fit crever les yeux de quatre-vingts d'entre eux.[25]

Henri II, de son côté, assiégea Limoges. Le roi d'Angleterre devait tenter de négocier et, pour cela, pénétra dans la ville. Mais, alors qu'il se trouvait sur la place du marché, son cheval fut atteint d'une flèche, la vigie ayant faussement donné l'alerte. Il poursuivit donc le siège quinze jours de plus puis l'abandonna, laissant une garnison dans la cité et le monastère de Saint-Augustin et se retira au château d'Aix[26].

Les bourgeois de la ville, sur l'ordre du vicomte de Limoges, jurèrent fidélité à Henri le Jeune en l'église Saint-Pierre-du-Queyroix, et organisèrent leur défense en relevant les murailles et en creusant des fossés. Ils construisirent "des tours, des machines de bois pour défendre les murs et le château" et procédèrent à de multiples destructions : "Ils ruinèrent entièrement le jardin de Saint-Martial qui était rempli d'arbres de diverses espèces s'élevant tout autour du château et les arrachèrent jusqu'à la racine. Plusieurs églises furent détruites : la basilique de l'hôpital Saint-Geraud, la maison de Sainte-Valérie, l'église de Saint-Maurice... Ils brûlèrent le dôme de bois et les statues de Saint-Martin, détruisirent la tour en pierre du clocher, les murailles, les officines, le monastère et le bourg adjacent, enfin, l'église et le faubourg de Saint-Symphorien-du-Pont et d'autres églises encore"[27]. Le vicomte de Limoges payait les services des mercenaires "d'exécrables présents et Raymond de Turenne par des promesses sacrilèges"[28]. Les troupes descendirent vers le sud, "évitèrent Brive et se réfugièrent sur le territoire d'Yssardon". Avec eux étaient deux moines de Pierre-Buffières, Guy de Solignac et Pierre de Pourrey. Les chefs furent pris et tués par ordre du seigneur de Pierre-Buffières.

Profitant de l'éloignement d'Aymard V, Henri II et Richard assiégèrent à nouveau Limoges le 1ᵉʳ mars. Ils rompirent le pont sur la Vienne. Henri le Jeune se trouvait dans la ville. "En sa présence, les moines, avec des reliques, firent le tour dans l'intérieur des murs du château, suppliant Notre Seigneur." Chacun "portait un cierge que les femmes de la ville avaient fabriqué avec de l'étoupe dont la longueur égalait celle des fortifications"[29].

Les bourgeois résistaient. Bref, devant cette résolution, Henri II et Richard n'insistèrent pas, d'autant qu'ils avaient appris qu'Henri le Jeune avait fait appel à son beau-frère, le roi de France, Philippe Auguste, qui lui envoyait de nouvelles troupes de mercenaires, les paillers, ainsi nommés car ils portaient à leur casque un brandon de paille pour annoncer l'incendie[30]. A la demande d'Henri le Jeune, ces paillers devaient se présenter devant Saint Léonard de Noblat. Ils escaladèrent les murailles, prirent la ville et tuèrent 153 bourgeois (le carnage dura de 9 heures du matin à 6 heures du soir) et allèrent ensuite incendier l'église de Peyrat-le-Château.

Mais, il fallait régler la solde des mercenaires. Henri le Jeune, "moins généreux que prodigue"[31], sans un sou dans ses caisses malgré un prêt des bourgeois de Limoges de 20 000 sols, allait, pour calmer ses troupes, se livrer à des actes odieux qu'il allait regretter amèrement par la suite. Il demanda aux moines de Saint-Martial (dom Isambert était à la Souterraine) de lui livrer le trésor de l'abbaye, ce qu'ils refusèrent. Il s'en empara donc par la force - sans que le vicomte Aymard V de Limoges n'intervienne - laissant un "reçu" à la place des pièces de monnaie et des objets précieux qu'il déroba, évaluant le tout à 22 000 sous limousins. Parmi ces objets précieux, citons "la table de l'autel du Saint Sépulcre avec cinq images de saints, la table du grand autel avec siège de la majesté de Notre Seigneur, un calice d'or, un vase d'argent, la croix de l'autel de Saint-Pierre, la châsse de Saint-Austriclien et une grande croix, le tout réellement à estimer à 50 marcs d'or et 103 marcs d'argent. Ils prirent même une cuirasse de Guy de Grammont"[32].

Puis Henri le Jeune fit de même à Grandmont, où il prit la colombe d'or où l'on conservait les Saintes Espèces[33], ne put le répéter à Uzerche mais rançonna les abbés de Dalon et d'Obazine.

Bertrand de Born, poète limousin, plus épris de chants de guerre que de chants d'amour, était auprès du jeune prince Henri. Il s'efforçait de le soutenir dans ses élans guerriers et donnait du cœur aux barons révoltés :

"Puisque Ventadour et Comborn avec Ségur et Turenne et Montfort avec Gourdon se sont ligués avec Périgord par serment et que les bourgeois s'enferment dans leurs murs, j'ai plaisir à chanter et à faire un sirventés pour les délivrer de toute crainte ; car je ne voudrais pas être le maître de Tolède si je n'osais y séjourner sans crainte."

"Si Taillebourg et Pons et Lusignan et Mauléon et Tournay étaient en état et s'il avait, à Civray, un vicomte vivant et bien portant, je ne douterais pas de les voir venir nous aider... Que le Sire de Thouars se joigne à nous... Quant au roi Philippe, nous saurons bien s'il tient de son père... Un roi qui a accueilli une demande n'a plus le droit de dire non après avoir dit oui..."[34]

La ligue, à l'origine limousine, des seigneurs rebelles, ainsi soutenue et poussée, menaçait de s'étendre sous l'autorité quasi ducale d'Henri le Jeune, en lutte contre son frère, Richard, et leur père, Henri II.

C'est alors que vers la fin du mois de mai 1183, comme il s'élançait à nouveau, à Uzerche, à la rencontre de ses alliés, le comte Raimond de Toulouse et le duc de Bourgogne, "il fit un triste accueil aux moines de l'abbaye venus en procession au devant de lui car il espérait exiger de l'argent de l'abbé et du peuple. Puis, il tomba malade..."

Il alla cependant à Donzenac, puis à Martel, ordonna à Raymond, comte de Turenne, de faire exécuter des courses et manœuvres de cavalerie, alla à Rocamadour pour voir Gérald, évêque de Cahors, revint à Martel et s'alita.

Sa fin fut édifiante. Il confessa ses fautes, notamment la prise du trésor de Saint-Martial, qu'il pria de rendre, implora le pardon de son père, que ce dernier lui accorda en lui envoyant une bague ornée d'un saphir, gage de cette réconciliation et évoqua le sort de sa mère, Aliénor, à qui il conseillait de pardonner et qu'il demandait de libérer. Durant sa maladie, son entourage et lui-même étaient si pauvres qu'il fallut vendre son cheval pour assurer quelques dépenses ; un de ses gens avait même dû échanger ses chausses contre du pain.

Près de lui se trouvait son fidèle Guillaume le Maréchal, à qui il pardonnait volontiers d'avoir manifesté son amour courtois à l'égard de Marguerite de France, son épouse. Il lui demanda de faire pour lui un pèlerinage en Terre sainte.

Puis, étendu à terre, en croix et sur un tapis de cendres, en adorant Dieu, il reçut la sainte Eucharistie et le Saint-Viatique avant de mourir. Il avait 28 ans. C'était le samedi de Pentecôte, 11 juin.

Ce fut un moine de Grandmont qui apprit la nouvelle de la mort de son fils au roi Henri II. Les obsèques du jeune Henri eurent lieu au monastère de Grandmont, sans doute en présence de Richard, mais le roi Henri II n'y assista pas. On enterra à Grandmont les entrailles, les yeux et le cerveau du prince. Le reste du corps, embaumé, enveloppé d'un linge blanc et d'un cuir épais, sur lequel était posé un manteau vert qu'on appelle "sendal", fut emporté à Rouen[35].

La reine Aliénor, en sa prison, aurait eu de cette mort un rêve prémonitoire... Quant au roi Henri II, il fut très affecté par la mort de son fils mais voulut cependant poursuivre les hostilités et régler le sort de Limoges. "Les bourgeois lui ayant ouvert leurs portes, il y entra, en fit raser les murailles et les tours"[36]. Devant ces événements, le vicomte Aymard V de Limoges s'enfuit, solitaire... Avec l'écroulement de la ligue limousine, et surtout la mort d'Henri le Jeune, il ne pouvait plus résister, aussi décida-t-il de se soumettre : "Le jour de la Saint-Jean (24 juin), le vicomte Aymard rendit le château au roi et abandonna ses frères d'Angoulême"[37].

Richard, à la mort de son frère aîné Henri, devenait, outre l'héritier du duché d'Aquitaine, de celui de Normandie du comté d'Anjou, mais, surtout, du royaume d'Angleterre.

Lui aussi fut touché par la mort de son frère, et, par un réflexe familial sans doute, il reporta sur Bertrand de Born la responsabilité d'avoir poussé son frère Henri à tous les troubles guerriers qui venaient de se produire en Limousin. Aussi vint-il, le 29 juin 1183, assiéger son château de Hautefort. Bien que le prieur de Vigeois, dans sa chronique, qualifiât ce château de "*castrum valde*", inexpugnable, il ne tint pas huit jours... Le 6 juillet, Richard entra en vainqueur dans la place[38], Bertrand de Born se fit humble. Il est vrai que les troubles qu'il fomentait venaient pour lui, de sa discorde avec son frère Constantin, pour la possession de leur fief. Et Constantin avait fait appel à l'aide de Richard...

Aussi, Richard donna-t-il le château à Constantin. C'est alors que le roi Henri II vint rejoindre Richard à Hautefort. Devant la peine réelle de Bertrand de Born éprouvée à la mort d'Henri le Jeune, le roi fut touché et lui dit : "Par amour pour mon fils Henri, non seulement, je vous fais grâce de la vie, mais je vous rends vos biens et votre château et j'y ajoute, avec mon amour, et mes bonnes grâces... 500 marcs d'argent pour les dommages que vous avez éprouvés"[39].

"Ah ! Bertrand, vous avez bien raison d'avoir perdu le sens à cause de mon fils car il n'y avait pas d'homme au monde qu'il aimât plus que vous."

Dès lors, Bertrand de Born s'attacha à Richard et lui fut fidèle. Mais il devait ne pas oublier Henri le Jeune, qu'il chanta dans deux oraisons funèbres ou *planh* célèbres :

"Mon chan fenisc ab dol e ab maltraire
Per totz temps mais el tenc per remasut
Quar ma razo e mon gang ai perdut
El mehor rei qui anc nasques de maire.

J'achève mon chant dans le deuil et les larmes
Pour toujours désormais le tiens pour terminé
Car ma raison et ma joie ai perdues
Dans le meilleur roi qui jamais naquit de mère.

Si tuit li dol e'lh plor e'lh marrimem
E las dolors e'lh dan e'l chaitivier
Qu'om anc auzis en est segle dolen
Fosten en sems, sembleran tuit leugier
Contra la mort del jove rei engles.

Si tous les deuils, les pleurs et la tristesse
Si la douleur, la peine et la misère
Qu'on a connus dans ce siècle dolent
Pesaient ensemble, ils paraîtraient légers
Face à la mort du jeune roi anglais."

Les troubles guerriers fomentés par les seigneurs limousins s'étaient calmés. Restaient seulement les bandes de mercenaires livrées à elles-mêmes dans la contrée. Après avoir pillé la région de Pompadour, en 1183, Mercadier, l'un de leurs principaux chefs, attaquait, en février 1184, Excideuil se vantant de le faire pour le compte de Richard[40]. Le vicomte Aymard V allait s'occuper, vers juillet, de lutter contre ces pilleurs, bientôt suivi par l'évêque de Limoges, Sebrand Chabot, avec qui il était réconcilié depuis 1180.

Un calme relatif régnant enfin sur le Limousin, le roi Henri II, ses fils, Geoffroy et Richard, partirent pour l'Angleterre. Pour la Saint-André (30 novembre 1184), se souvenant peut-être des dernières volontés d'Henri le Jeune, le roi d'Angleterre souhaita une réunion de famille à Westminster, avec Aliénor, sortie momentanément de sa prison et somptueusement parée d'une robe écarlate, bordée de fourrure de vair offerte par son époux. Peut-être souhaitaient-ils partager leur douleur après la mort de leur fils. Il y a lieu cependant de penser que c'est plutôt à dessein politique qu'Henri II avait libéré quelque temps Aliénor, duchesse d'Aquitaine, à qui il voulait demander d'ôter son duché à Richard pour le céder à Jean sans Terre.

Le roi d'Angleterre dévoila son plan dès la cour de Noël qui, cette année-là, eut lieu à Windsor. Il demanda à la reine Aliénor de confier son duché d'Aquitaine, jusque-là jalousement réservé par elle à Richard, à Jean sans Terre soulignant que, du fait de la mort de leur fils aîné, Richard aurait, de droit, l'Anjou, la Normandie et le royaume d'Angleterre.

Ces exigences étaient intolérables, tant pour Aliénor que pour Richard, très aquitain. Non seulement elles ne furent pas acceptées mais elles eurent pour effet de rapprocher Richard d'Aliénor et de l'éloigner de son père.

Ce rapprochement de Richard et de sa mère devait se confirmer au début de l'an 1185. La reine fut autorisée par son époux à se rendre à Caen sur la tombe de son fils, Henri le Jeune. Elle devait y retrouver Richard, qui lui rétrocéda ses droits sur l'Aquitaine (cédés sous la contrainte en 1179).

Ces données nouvelles ne déplaisaient pas aux seigneurs limousins, toujours fidèles à leur duchesse Aliénor d'Aquitaine et donc naturellement acquis à Richard quand il était son allié, hostiles quand il la délaissait en faveur de son père.

Le Limousin, était, à cette période, toujours relativement calme, hormis certaines exactions commises par les mercenaires inoccupés surgissant de quelque château, comme Chalucet, près de Limoges, dont Richard avait fait l'une de ses principales forteresses et où il avait installé ses capitaines. Ce fut, sans doute, l'un de ses nombreux gîtes en Limousin. On y retrouve encore des carreaux de sol représentant les fameux léopards... L'évêque Sebrand Chabot décida d'organiser une expédition contre ces fauteurs de troubles à Pâques 1186, près d'Ahun. Les Brabançons y auraient perdu 6 000 hommes avant de s'enfuir pour l'Auvergne.

Au début du carême, Henri II était à Gisors, pour une entrevue avec le roi de France, Philippe Auguste. Il y fut finalement décidé du mariage de Richard avec Adélaïde ou Aélis, la demi-soeur du roi de France. Mais Richard, sachant les relations de son père avec cette jeune princesse, ne pouvait admettre cette décision acceptée par son père dont il s'éloignait de plus en plus.

Son frère, Geoffroy, s'était aussi éloigné de leur père. Il était durant l'été, à la cour de France. C'est là qu'au mois d'août, par accident, et à 28 ans, le jeune duc de Bretagne fut tué lors d'un tournoi, laissant sa veuve, Constance, enceinte du futur Arthur de Bretagne.

Aliénor, toujours prisonnière, dut penser que le destin accablait la dynastie Plantagenêt. Elle était à nouveau proche de Richard et lui faisait confiance.

De fait, Richard, ne s'estimant pas lié par la trêve conclue par son père avec Philippe Auguste au printemps 1187, poursuivait les hostilités. Il prit notamment le château de Turenne. Aussi, Philippe Auguste organisa une expédition en Berry. Le roi de France devait prendre Issoudun et Graçay, obligeant Richard et son frère Jean à se réfugier à Châteauroux où le roi de France vint les assiéger. Henri II, l'apprenant, vola à leur secours et le siège fut levé.

Ce devait être l'ultime bataille où furent ensemble le roi d'Angleterre et ses fils. Car c'est à Châteauroux qu'interviennent devant les princes réunis, deux prélats, légats du pape, venus rappeler l'état du royaume de Palestine et la nécessité de cesser la guerre pour prendre la croix...

Il faut dire qu'à cette époque, en Palestine, l'armée du roi de Jérusalem avait été défaite sur les bords du lac de Tibériade, le 4 juillet 1187, et la Ville sainte avait dû ouvrir ses portes à Saladin. Beaucoup de chevaliers avaient pris la croix.

"Le premier, nota *Bertrand de Born*, ne fut ni roi, ni duc, mais le fils du marquis de Montferrat, Conrad, qui arriva à Tyr où il lutta victorieusement contre Saladin."

Bertrand de Born, auprès de Richard, écrivait : "Le Saint Sépulcre demande du secours [...]". "Maintenant, sais bien qui a la plus grande gloire de tous ceux qui se sont levés matin, c'est monseigneur Conrad."

"Seigneur Conrad, à Jésus je vous recommande, je voudrais être là-bas, à Tyr, je vous le jure, mais j'ai dû y renoncer tellement les comtes, les ducs, les princes et les rois mettaient de retard à s'embarquer. Et puis, j'ai vu ma dame, belle et blonde, et mon cœur a faibli ; autrement, je serais là-bas depuis au moins un an..."[41].

Bertrand de Born, toujours près de Richard, poussait ainsi à partir pour Jérusalem les princes, barons et chevaliers qu'il estimait peu courageux, comparés à Conrad de Montferrat. Pour tous les seigneurs, il ne fallait pas faillir ; l'honneur et la foi interdisaient de retarder la décision de voler au secours du tombeau du Christ.

Lors des hostilités entre le roi de France et le roi d'Angleterre, en Berry, et de l'intervention des légats du pape, en présence de Richard, Philippe-Auguste s'était rapproché du duc d'Aquitaine, poursuivant son jeu politique visant à diviser Richard de son père, le roi Henri II. Il lui avait rappelé la triste condition de sa demi-sœur, Aélis de France, toujours promise de Richard mais soumise à Henri II, sachant combien cette relation condamnable bien connue opposait gravement le père et le fils, ravivant les ressentiments. Il l'éclaira aussi sur la soi-disant intention d'Henri II de donner à son fils Jean Anjou et Poitou...

Richard, déjà réconcilié avec sa mère, de plus en plus loin de son père, fut définitivement convaincu. Désormais, il entrerait en lutte contre Henri II. Se rapprochant de Philippe Auguste, c'est ensemble qu'ils décidèrent de prendre la Croix. Richard la reçut des mains de l'évêque Barthélemy de Tours.

Richard, contre Henri II, Duc d'Aquitaine

Le duc Richard était désormais en opposition ouverte avec son père. Il séjournait auprès du roi de France. Les barons limousins s'en réjouirent. Seuls les moines de Grandmont étaient divisés, et de profondes discordes ébranlèrent leur monastère.

Des complots surgirent cependant, fomentés par le comte Aymard d'Angoulême, Geoffroy de Lusignan, Geoffroy de Raucon, probablement soutenus par le comte Raymond VI de Toulouse. Richard, avec l'aide des Hospitaliers qu'il avait su s'acquérir, défendit son pouvoir.

Escarmouches et entrevues allaient alterner tout au long de cette année 1188 entre le roi de France et le roi d'Angleterre : une première entrevue eut lieu à Gisors, le 21 janvier. Richard s'y affirma l'allié de Philippe Auguste, reprochant à son père de ne pas lui donner les pleins pouvoirs... Il y eut une attaque près de Mantes, en juillet, une nouvelle entrevue, en août, à Gisors, où les Anglais, à l'ombre d'un vieil orme, furent défaits par les Français qui abattirent cet arbre, célèbre dans toute la contrée par sa taille et son âge.

C'est dans ce climat qu'intervint une nouvelle entrevue entre Henri II et Philippe Auguste, à Bonmoulins, le 18 novembre 1188, en présence de Richard. Le roi de France, poursuivant toujours son jeu politique, évoqua à nouveau le cas de sa demi-soeur Aélis, souhaitant son mariage avec Richard. Puis il insista auprès d'Henri II pour que son fils Richard dispose des pleins pouvoirs sur les terres des Plantagenêt, en France : outre l'Aquitaine, l'Anjou, le Maine, la Touraine et la Normandie.

– *Vous me demandez ce que je ne suis pas prêt d'accepter*[42] répliqua Henri II.

C'est alors que Richard se leva :

– *Je vois clair comme le jour ce qui jusqu'ici me paraissait incroyable,* dit-il. Puis, dénouant son ceinturon, il s'agenouilla devant le roi de France et se déclara son homme lige... implorant aide et protection pour ses terres de France.

C'était la rupture totale avec son père, qui partit à Saumur où il passa seul avec Jean les fêtes de Noël, tandis que Richard et Philippe Auguste, partis ensemble pour Paris, affichaient ouvertement leur amitié.

Pourtant, Henri II tenta de se réconcilier avec Richard. Il lui envoya, à Pâques 1189, un émissaire, l'archevêque de *Cantorbery* ; mais, les prétentions d'Henri II restant les mêmes, Richard campa sur ses positions, proposant seulement d'emmener son frère Jean à Jérusalem.

Le roi d'Angleterre sentait ses forces décliner... Il se retira au Mans, où vint l'attaquer son propre fils Richard, tandis que Philippe Auguste attaquait Tours.

Une dernière entrevue eut lieu près de Tours, à Colombiers. Henri II était exténué. Les deux souverains échangèrent la liste de ceux qui leur étaient fidèles...

Revenu à Chinon, où il apprit la mort de sa fille, Mathilde, Henri II demanda à son fidèle Guillaume le Maréchal de lui lire cette liste :

– *Sire, li premier qui est inscriz c'est li comte Johan, vostre fils.* On ne sut jamais si ce fut la vérité ou une malveillante inscription.

– *Assez en avez dit* murmura le roi d'Angleterre, qui demeura prostré.

Il devait mourir trois jours après, sans reprendre connaissance, le 6 juillet 1189. Richard fut très vite au chevet de son père. A sa mort, il dépêcha Guillaume le Maréchal en Angleterre pour délivrer sa mère, la reine Aliénor. Il fut investi du duché de Normandie à Rouen pour la Sainte-Marguerite (20 juillet), rencontra Philippe Auguste, le 22 juillet, près de Chaumont et, enfin, s'embarqua pour son nouveau royaume d'Angleterre.

Ainsi ne put-il assister aux importantes cérémonies du 30 août à Grandmont, célébrant la canonisation, le 21 mars précédent, d'Etienne de Muret, fondateur de l'ordre, par le pape Clément III.

Peut-être, malgré tout, avait-il participé à l'achat de la somptueuse châsse de cuivre doré rehaussée d'émaux, dans laquelle furent placées les reliques et qui prit place sur le maître-autel[43]...

CHAPITRE III

RICHARD, DUC D'AQUITAINE, ROI D'ANGLETERRE ET LE LIMOUSIN
1189-1199

Les derniers devoirs rendus à son père, en l'abbaye de Fontevrault où il avait demandé à reposer, Richard avait donc fait libérer sa mère, la reine Aliénor, des geôles anglaises où l'avait séquestrée pendant dix ans, son époux Henri II. Il avait confié cette mission à Guillaume le Maréchal, ce chevalier fidèle à la famille Plantagenêt qui avait veillé sur l'éducation des fils avant de s'attacher à Henri le Jeune puis à Henri II et enfin à Richard, qui lui avait pardonné de lui avoir été hostile.

Aliénor était déjà libre et plus que jamais "grande dame et souveraine", malgré ses années de détention, quand Guillaume le Maréchal parvint à Winchester. Elle veillait à préparer, en vraie régente, le royaume d'Angleterre afin qu'il accueille à sa mesure son fils

Richard, réparant les torts causés par Henri II, ouvrant les prisons, se montrant à la fois ferme et généreuse.

Tant et si bien que lorsqu'il débarqua, fin août, sur la terre d'Angleterre, Richard, qui la connaissait si peu, et n'en parlait pas la langue, y était déjà populaire. Il le fut plus encore quand il montra son caractère magnanime, pardonnant aux alliés de son père qui lui avaient été hostiles, recevant son frère Jean avec honneur et lui accordant en mariage, le 29 août, Havise de Gloucester, l'une des plus riches héritières d'Angleterre.

Toutes les conditions étaient réunies pour que le couronnement de Richard, prévu le 3 septembre 1189 à Westminster, fût une cérémonie fastueuse. Elle le fut, en effet, en présence de la reine Aliénor, triomphante, des archevêques de Cantorbery, Rouen, Dublin, Trêves, de l'abbé de Saint-Denis, de nombreux seigneurs et d'une foule immense.

Le roi Richard, revêtu de son manteau d'écarlate brodé d'or, chaussé de sandales tissées d'or auxquelles étaient fixés des éperons d'or, reçut la couronne des mains de l'archevêque et jura devant les saints Evangiles qu'il offrirait tous les jours de sa vie, paix, honneur et révérence à Dieu et à la sainte Eglise, qu'il exercerait une droite justice et détruirait les lois mauvaises...

...Serments d'un roi très chrétien qui pensait déjà à sa future expédition pour défendre les lieux saints en péril.

Loin du Limousin, où les seigneurs, désormais favorables à Richard, pensaient à se joindre à son expédition et s'y préparaient, le nouveau roi d'Angleterre passa la fin de l'année 1189 à réunir par tous les moyens des sommes considérables nécessaires au voyage, à faire construire une flotte, à constituer des provisions d'armes et de munitions, mais aussi à préparer le royaume d'Angleterre à son absence, nommant ceux qu'il appelait à la gestion des affaires sous l'autorité de sa mère Aliénor.

Richard rentrera en France le 11 décembre 1189 et réunira sa première cour royale de Noël à Bures, avant de retrouver, le 30 décembre, Philippe Auguste à qui il promit, sans conviction, d'épouser sa demi-soeur, Alaïs. Ensemble, surtout, ils se jurèrent aide et fidélité pendant l'expédition et se donnèrent rendez-vous en juillet à Vézelay où, restait vivace le souvenir de Saint-Bernard prêchant la précédente expédition à Jérusalem...

Le printemps 1190 fut occupé par des expéditions contre les Basques, qui harcelaient les pèlerins de Saint-Jacques-de-Compostelle, et par des chevauchées au travers de ses fiefs... Un moment béni fut celui où il fonda, à Talmont, le monastère du Lieu-Dieu.

Puis, ce fut enfin le départ pour Vézelay... C'est en ce lieu, colline sacrée, que se retrouvèrent, autour de Richard, mêlés à la foule des autres seigneurs, les barons limousins qui avaient décidé de le suivre en Terre sainte : il y avait Guy d'Aubusson, Archambault VI de Comborn, Raymond VII de Turenne, qui allait périr à la prise de Saint-Jean-d'Acre, le 12 juillet 1191, et les seigneurs de Mortemart, de Saint-Chamans, de Chaunac, de Cosnac...

Le départ de ces barons, le serment de tous les vassaux de Richard à la cour de Noël de Bures de s'abstenir de toute guerre pendant le pèlerinage, le prestige de Richard accru par la rumeur de ses prouesses qui parvenait en Limousin, établirent pendant les années 1190 à 1194, la paix en Limousin.

Bertrand de Born blâmait "ceux qui ne songeaient pas que Dieu se plaignait de les voir vivants, bien dans leur demeure, alors que les autres souffraient faim et soif..." Lui, pourtant, qui venait de se remarier, était resté à Hautefort. Il est vrai que les Pèlerins de Terre sainte souffrirent de mille maux. Frédéric Barberousse, l'empereur, se noya avant même d'atteindre la Palestine et ses troupes disparurent...

Philippe Auguste choisit le trajet par mer à partir de Gênes. Ses retrouvailles, en Sicile, avec Richard augurèrent mal de cette alliance. Le roi de France s'était, en effet, rapproché de Tancrède, nouveau maître de cette île qui retenait prisonnière l'ancienne reine de Sicile, qui n'était autre que Jeanne, sœur de Richard. Aussi le roi d'Angleterre n'apprécia-t-il guère la prise de position du roi de France.

Leurs relations ne firent que se dégrader par la suite. Les prouesses de Richard portaient ombrage au roi Philippe Auguste, très éprouvé physiquement par le climat, de mauvaises fièvres et... préoccupé par son royaume. Aussi, très vite, à la grande stupeur de tous les seigneurs présents, le roi de France annonça son retour en son royaume. Il devait s'embarquer dès le 2 août 1191, fragilisant par son retour le roi d'Angleterre au niveau de ses possessions en France.

Quant à Richard, qui avait prévu de s'embarquer à Marseille, il fut contraint par le retard de sa flotte de s'éloigner lentement sur de petites embarcations, longeant les côtes italiennes.

Il devait séjourner longtemps à Chypre, qu'il avait conquise et laissera pour trois siècles aux Lusignan. C'est dans cette île qu'après ses démêlés avec Philippe Auguste, qu'il accusait de trahison, il annonça publiquement sa ferme intention de ne pas épouser Alaïs... Aussi l'arrivée de la reine Aliénor, accompagnée de Bérangère de Navarre, jadis sa première promise et qu'il avait chantée en sa cour de Poitiers, fut-elle décisive. Il décida de l'épouser, à la grande satisfaction d'Aliénor, qui, politiquement, jugeait urgente la venue d'un héritier du roi d'Angleterre.

Sans doute les seigneurs limousins qui l'accompagnaient purent-ils ainsi, le 12 mai de l'an de grâce 1191, admirer leur beau duc et roi au chef couvert d'un "bonnet d'écarlate avec des plumes d'oiseaux de paradis retenues par une agrafe d'or, à la cotte de samit couleur aurore, brodée de croissants de lune et de soleils, au baudrier de soie auquel pendait le fourreau d'or et d'argent de son épée, à la selle dorée dont le troussequin s'ornait ainsi que le mors de palefroi, de deux lions affrontés"[44] aux éperons d'or scintillants de pierreries... au côté de Bérangère au beau corps délié somptueusement vêtu d'une lourde robe espagnole[45].

La saison de ses amours avec Bérangère fut brève. Il faut reconnaître que Richard était peu porté sur les femmes, préférant les hommes de sa suite, ce dont il devait se repentir souvent, même publiquement. Le 8 juin, en effet, il s'embarquait pour la Terre sainte, proclamant, au cours d'une tempête, sa confiance dans les moines de Grandmont qui priaient pour lui...

Dès son arrivée, il allait se couvrir de gloire à Acre, qu'il conquit en juillet par sa vaillance et ses prouesses, poursuivant le combat le corps piqué de flèches, à tel point qu'on put le comparer à une "pelote d'épingles"[46]. Cette victoire, suivie de celle d'Arsouf, le 7 septembre, lui assura gloire et renommée à peine ternies par le massacre de 2 700 Sarrasins "justifié" par le fait que Saladin tardait à négocier et à rendre la vraie croix. Il eut l'amère déception de n'avoir pu atteindre Jérusalem et finit par signer, à Jaffa, en septembre 1192, un traité avec le puissant Saladin aux termes duquel les pèlerins pouvaient se rendre librement sur les lieux saints. En outre, une bande de terre, longeant le littoral de Tyr à Jaffa, formerait un Etat franc.

C'est au cours de l'une de ses nombreuses entrevues avec Saladin, avec qui il entretenait, quoique ce fût son ennemi, des relations d'estime presque amicale pour que Saladin lui envoyât des sorbets de fruits préparés avec de la neige des monts du Liban, que Richard imagina de faire épouser à sa sœur Jeanne, qui depuis la Sicile l'accompagnait, le propre frère de Saladin. Mais Jeanne refusa cette union avec un Infidèle...

Son retour, entamé en octobre 1192 - il s'embarque à Chypre le 9 octobre - fut pour le moins long et difficile. Il avait eu en Palestine des démêlés avec le duc d'Autriche, Léopold, dont il avait jeté à terre l'étendard, et celui-ci le fit arrêter à son passage près de Vienne, où il le gardera prisonnier, en accord avec l'empereur Henri VI, fils de Frédéric Barberousse.

En ces sombres geôles, Richard versifiait :

"Molt ai d'amis mais pôvres sont li don
Honte en auront si por ma rançeon
sui ces deux hivers pris...".

Il gardait espoir et courage, priait le bon saint Léonard en Limousin, patron des prisonniers, faisant vœu, après sa délivrance, de se rendre auprès de ses reliques. Aussi força-t-il l'admiration non seulement des quelques visiteurs qu'il y reçut, comme le chancelier d'Angleterre, Guillaume de Longchamp ou l'abbé de Cluny, mais aussi de nombre de princes allemands qu'il impressionna à tel point, lors de ses comparutions, qu'à la mort d'Henri VI, c'est à Richard qu'ils proposeront la Couronne du Saint Empire germanique, qu'il refusa pour lui-même mais pour laquelle il proposa son neveu Othon de Brunswick, fils de sa sœur Mathilde de Saxe, qui deviendra le grand empereur Othon...

Richard ne devait être libéré qu'après versement d'une énorme rançon de 100 000 marcs d'argent, qu'Aliénor s'employa activement à réunir. Le Limousin, comme toutes les provinces d'Aquitaine, contribua à payer cette rançon, obligation féodale des aides. Seigneurs, bourgeois, clercs et moines furent sollicités. La somme réunie fut portée par Aliénor elle-même à l'empereur, et Richard fut enfin libéré, le 2 février 1194, jour de la Chandeleur.

Pendant sa longue absence, si le Limousin avait respecté la trêve du pèlerinage, il n'en fut pas de même partout. Son frère, Jean sans Terre, malgré la vigilance d'Aliénor pour défendre les droits de Richard, fomentait des révoltes en Angleterre, tentant de prendre le pouvoir... ou pactisait avec le roi de France.

Aussi régnait-il beaucoup de désordres en son royaume, et le retour du roi, le 13 mars 1194, le dimanche suivant la fête de Saint-Grégoire, fut une délivrance pour beaucoup et une grande surprise pour d'autres. On raconte qu'un vieux prieur de l'abbaye de Saint-Michel-de-Cornouailles, Hugues de la Pommeraye, en mourut de frayeur !

La situation était grave. Jean sans Terre n'avait pas hésité à se lier avec le roi de France, Philippe Auguste. Or, ce dernier, pendant la captivité de Richard, s'était emparé de Gisors, le 12 avril 1193, et avait proclamé son autorité sur le Vexin normand. Le roi de France, peut-être en liaison avec Jean Sans Terre, avait aussi encouragé une révolte naissante de certains barons de Gascogne, vers la fin de 1192. Parmi ceux-ci, le vicomte de la Marche, le comte de Toulouse, Raimond VI, le comte de Périgord, Hélie V Taleyrand, le vicomte d'Angoulême, Aymard et Aymard V de Limoges. Mais, le sénéchal de Gascogne écrasa la révolte à Mantes en juillet 1193.

Aussi, à l'annonce du retour de Richard, Philippe Auguste n'hésitait-il pas à écrire à Jean sans Terre : "Le Diable est lâché"…

Le roi Richard, aidé par Aliénor, revint en son royaume couvert de gloire, acclamé par la foule. Il apaisa la situation, pardonna à son frère Jean et fut couronné pour la deuxième fois à Winchester, le 17 avril 1194.

En Limousin, "le Diable ne s'était pas non plus déchaîné"[47]. Bien au contraire. Usant de diplomatie, Richard s'était allié avec le clergé, notamment l'évêque Sebrand Chabot, et s'était montré généreux envers plusieurs abbayes : à Grandmont, il avait fait don à ses "Bons Hommes" de son armure de pèlerin. A Saint-Léonard, il vint en pèlerinage accomplir son vœu, remerciant le saint patron des prisonniers de sa délivrance des geôles autrichiennes. A son passage, il ne manqua pas de générosité, participant, sans doute, financièrement, à la construction alors en cours de la collégiale. L'église, le clocher à gâbles et le "baptistère" s'élevaient. Il fit de même à la Souterraine, où ses largesses expliquent le style angevin de l'église et où il est reconnu que le roi Richard finança l'œuvre des croisillons et du chœur ainsi que le clocher. C'était aussi le temps de la restauration de l'abbaye de Solignac, gravement endommagée par un incendie en 1178, et de l'achèvement des travaux du monastère d'Obazine... mais rien n'indique qu'il y ait participé.

Si la magnanimité de Richard s'était exercée en Angleterre, comme en Limousin, il n'en fut pas de même à l'égard de Philippe Auguste, avec qui il entra désormais en lutte ouverte, au grand dam des barons limousins qui supportaient mal le joug de l'Angleterre. Dès juillet 1194, en effet, Richard avait reconquis au roi de France les terres qu'il avait osé lui prendre en son absence : ce furent Loches, en juin, Vendôme, et la victoire totale de Fréteval, le 4 juillet; le roi d'Angleterre y écrasa son ennemi et s'empara même des chariots du roi de France contenant les archives et le sceau royal (par la suite, le roi de France devait laisser ces biens précieux au Temple et au Trésor des Chartes). Ces revers calmèrent pour un temps les velléités guerrières de Philippe Auguste.

L'année suivante, en juillet 1195, quelques escarmouches obligèrent Richard à intervenir en Berry, mais ce fut de courte durée et tout se termina par une trêve décidée à Issoudun. Le roi d'Angleterre avait laissé en la place des mercenaires, avec à leur tête l'un de ses plus fidèles chefs, Mercadier. Ce dernier devait fortifier la ville pour le compte de Richard et y édifier la Tour blanche[48]. Puis, la paix fut décidée à Louviers, en janvier 1196.

Richard respirait enfin...

Il put ainsi se réjouir du remariage, en octobre 1196, de sa soeur Jeanne, veuve du roi de Sicile, avec le comte Raymond VI de Toulouse, et des négociations en vue de la proclamation, de son neveu, Othon de Brunswick, fils de sa sœur Mathilde, empereur du Saint Empire romain germanique. Enfin, il put se consacrer à la construction de l'imposante forteresse la plus chère à son cœur : Château-Gaillard, édifiée sur un promontoire, au-dessus d'une boucle de la Seine, aux Andelys... en un an. *"Qu'elle est belle ma fille d'un an !"* disait-il en l'apercevant se dresser au loin, aussi belle et puissante que l'était le célèbre krak des Chevaliers dans le lointain Orient...

Il n'avait plus, près de lui, le chantre de la guerre qu'était Bertrand de Born. Son ami, le poète limousin, s'était réjoui du retour de son duc et roi en Limousin. Il avait, dans l'émotion des souvenirs, repris, un temps, rimes et chants :

"J'aime la liesse des boucliers aux teintes bleues ou vermeilles
Les enseignes et les gonfanons aux couleurs variées
Les tentes, les riches pavillons, les lances qui se brisent

Les boucliers qui se trouent, les heaumes qui se fendent"[49].

Mais ce devait être là son chant du cygne. A la fin de 1196, en effet, il se fit moine au monastère cistercien de Dalon, proche de ses terres, en Limousin, sur le fief d'Aymard V, Excideuil, aux confins du Périgord, dans ce même monastère où s'était retiré, quelques années auparavant, Bernard de Ventadour... Le cartulaire de cette abbaye contient une donation d'Archambaud, vicomte de Comborn, faite au château de Treignac le 8 janvier 1197, à laquelle assista comme témoin Bertrand de Born, moine de Dalon. Le folio 134 du même cartulaire mentionne "Bertrand de Born monacho Dalones"... Gageons qu'après avoir incité à la guerre, Bertrand avait dû prier pour la paix et, pour ce qui concerne le Limousin, devait, à cette époque, être exaucé.

Il faut dire que le vicomte Aymard V de Limoges, l'un des plus rebelles des barons, était, en cette année 1196, cruellement affecté par la mort de son fils, Aymard, aîné de ses trois fils et quatre filles.

En revanche, en Bretagne, le neveu de Richard, Arthur, fils posthume de son frère Geoffroy, élevé, c'est vrai, à la cour de France, et affichant son amitié avec Philippe Auguste, allait déclencher des hostilités à Aumale, obligeant Richard à intervenir. En mai 1197, Richard s'imposa et fit même prisonnier Philippe de

Dreux, parent du roi de France. Philippe Auguste se retira vers le nord, s'arrêtant en Normandie, où il déclencha de nouvelles hostilités, très vite arrêtées par des interventions victorieuses de Richard. Finalement, la paix devait être conclue entre les deux rois, à Vernon, en Normandie, non loin de Château-Gaillard. Une trêve de cinq ans y fut décidée.

Mais, au cours de l'année 1198, de nouvelles rebellions furent signalées en Aquitaine, là encore probablement fomentées par Philippe Auguste, pour faire diversion aux luttes en Normandie, déclenchées et entretenues par les seigneurs de Lusignan, d'Angoulême ou de Limoges, toujours hostiles à la suzeraineté des Plantagenêt.

Richard reprit les routes du sud, accompagné de ses Brabançons. Il aurait alors tenté, en vain, de prendre le château de Ventadour pour en faire une forteresse garnison. Pourtant, il n'avait pas alors à craindre une éventuelle alliance des seigneurs limousins avec le comte de Toulouse, sa sœur Jeanne venant de l'épouser.

Les rebelles se calmèrent, et Richard, revenu en Normandie tint sa cour de Noël 1198 à Domfront.

Mais toutes ces hostilités, ajoutées à la construction de Château-Gaillard, avaient coûté très cher. Les caisses du roi d'Angleterre étaient vides. Aussi résolut-il de partir pour Chinon, dont le château abritait le trésor des comtes d'Anjou et de Touraine. Mais, pas plus qu'à Rouen ou à Londres, il ne restait d'or au fond des coffres[50].

Alors qu'il se trouvait dans la vallée du Loir avec Guillaume le Maréchal et son frère Jean, un messager se présenta devant Richard de la part du vicomte Aymard V de Limoges. Il lui faisait savoir, que, dans l'un de ses fiefs, le château de Châlus, tenu par le seigneur Achard, comte de Châlus, un laboureur venait de découvrir un trésor dans son champ ; un trésor important, aux dires de l'homme : "C'est assavoir des images d'un empereur et sa femme avecques leurs fils et filles et tous d'or massif, séant à une table d'or"[51], d'origine probablement romaine, également un "bouclier d'argent décoré de figures d'or et nombre de médailles anciennes"[52]. Un ensemble vite évalué comme susceptible de renflouer les caisses du roi... Mais le vicomte Aymard, sur la base des coutumes en Aquitaine, n'envoya à son suzerain qu'une partie fort modeste du trésor, à savoir le bouclier d'argent. Ses besoins financiers étant ce qu'ils étaient, la coutume normande prévoyant que le suzerain doit, en cas de découverte d'un trésor, le recevoir tout entier, et, surtout, ses émissaires lui ayant appris que le vicomte de Limoges s'était rapproché de Philippe Auguste, si ouvertement qu'il "lui aurait promis aide et secours à cause, disait-il, des injures que Richard lui aurait faites"[53], Richard décida sur-le-champ de se rendre sur place en Limousin. Il était bien résolu à en découdre avec ce baron remuant, toujours fauteur de troubles. Il s'était même "juré de détruire tous les châteaux et toutes les forteresses du vicomte Aymard"[54].

Laissant son frère Jean et Guillaume le Maréchal, qui partirent chacun de leur côté, Richard rassembla une troupe de mercenaires avec, à leur tête, son fidèle Mercadier. Bien que ce fût, en cette fin mars 1199, temps de carême et donc, normalement, trêve pascale, tous se dirigèrent rapidement vers Châlus en Limousin.

Ensuite, Aliénor ne savait plus rien… Seul l'appel de son fils à son chevet l'avait précipitée vers les chemins de Châlus, où elle parvenait enfin.

ÉPILOGUE

LA MORT DU ROI RICHARD A CHALUS, EN LIMOUSIN, 6 AVRIL 1199

La reine Aliénor, accourue de Fontevrault, "plus vite que le vent", à l'appel de son fils Richard, était, en effet, au château de Châlus, en Limousin, auprès de lui, au matin du 6 avril de l'an 1199.

Toute la vie de son fils bien-aimé lui était revenue en mémoire au cours de ce voyage pourtant rapide, jusque dans ses moindres détails. Mais, maintenant, elle était près de lui, il était vivant, et cela seul importait. Pourtant, elle comprit très vite qu'il y avait peu d'espoir de le sauver...

On ne tarda pas à lui conter ce qui était advenu. Richard était arrivé, le 23 mars, au château de Châlus, possession du comte Achard de Châlus, sous la suzeraineté du vicomte Aymard V de Limoges, où, soi-disant, avait été caché le trésor trouvé par le laboureur.

Ce n'était pas une place importante. En ces temps de trêve de carême, il y avait peu d'hommes pour la défendre, et seulement deux chevaliers, Pierre Brun (seigneur du château de Montbrun) et Pierre Basile. Richard envoya donc une partie de ses troupes, dont Mercadier, pour assiéger les châteaux de Nontron et de Piégut[55], gardant quelques hommes près de lui.

Le "château haut" de Châlus se dressait au-dessus de la Tardoire, sur une colline. Richard décida du siège de la "tour ronde"...

"Il l'attaqua furieusement pendant trois jours et demanda à ses mineurs de miner la tour afin de la renverser. Donc, pendant que les mineurs anglais faisaient leur ouvrage, le roi, avec ses arbalétriers attaqua les assiégés, avec une telle vigueur qu'à peine aucun d'eux osait apparaître vers les créneaux de la tour. Toutefois, de temps en temps, ils lançaient de grosses pierres du haut des mâchicoulis qui, tombant du haut de la tour avec impétuosité, jetaient la terreur parmi les assiégeants.

Sur le soir du troisième jour, c'est-à-dire le lendemain de l'Annonciation (26 mars), le roi, après dîner, s'était approché de la tour, sans défense, avec son escorte, sans autre armure que son casque de fer. Voici qu'un homme armé qui, presque tout le jour, s'était tenu avant dîner dans un des créneaux de la tour susdite, recevant, sans être blessé, tous les traits de fer qu'il repoussait avec son bouclier, voici que cet homme, qui avait observé avec soin tous les assiégeants, apparut tout à coup de nouveau, tendit son arbalète et dirigea violemment un carreau sur le roi qui le regardait et qui poussa un cri. Il blessa le roi à l'épaule gauche, vers les vertèbres du cou[56]. C'était à la tombée de la nuit. Après avoir reçu cette blessure, le roi, toujours admirable de courage, ne poussa aucun soupir, ne fit entendre aucune plainte, ne manifesta pour le moment aucune tristesse, ni sur son visage, ni par aucun geste, de peur de causer aux siens de la tristesse ou de la timidité, de peur aussi d'inspirer aux ennemis une plus grande audace à cause de cette blessure.

"Ensuite, comme s'il n'eut éprouvé aucun mal..."[57], certains dirent même qu'il prit le temps de complimenter le tireur dont on apprit le nom, un certain Pierre Basile, le roi essaya, vainement, de retirer la flèche, comme il l'avait fait tant de fois dans ses nombreux combats, au point qu'il avait pu être comparé, en Terre Sainte, au siège de Saint-Jean-d'Acre, à une "pelote garnie d'épingles".

Puis il se dirigea vers son "logis et, retirant de son corps le bois dans lequel le fer était fixé, il le brisa, mais le fer de l'arbalète resta dans la chair. Donc, le roi étant couché dans sa chambre, un certain chirurgien [en fait, un barbier ou un "mires", médecin des routiers] de la suite abominable du très impie Mercadier, faisant des incisions dans le corps du roi, à la clarté des flambeaux allumés dans la maison, le blessa grièvement. On appliqua avec soin des médicaments et des emplâtres"[58].

Après cet "incident", le roi Richard ne voulut en rien changer le cours de sa soirée. Il but et mangea abondamment et sut se faire entourer, peut-être de belles Limousines... puisqu'il fut rapporté qu'il préféra "les mauvaises joies de la volupté aux conseils des sages"[59].

"Mais, ensuite, les blessures commencèrent à s'envenimer et à s'accroître et elles enflèrent de jour en jour jusqu'à devenir mortelles, le roi se laissant aller à l'incontinence et ne tenant pas compte des prescriptions des médecins. Le roi, très incertain s'il recouvrerait la santé, manda sa mère qui demeurait à Fontevrault..."[60].

Le fer était dans la plaie, la gangrène gagnait. On conta encore à Aliénor ce que furent ces heures d'épreuve du roi Richard qui, une fois de plus, montra valeur et vaillance malgré la douleur.

Auprès de lui se trouvait son chapelain, Pierre Milon, abbé de l'abbaye cistercienne du Pin en Poitou, qui l'avait accompagné en Terre sainte. Il se prépara à la mort en vrai chrétien, pardonnant à tous, particulièrement au vicomte Aymard V de Limoges, à Philippe Auguste et même à l'archer de Châlus qui l'avait blessé, exigeant qu'il ne fût point exécuté, ce qui fut respecté[61].

Il se confessa et demanda la sainte communion qu'il n'avait pas voulu recevoir depuis de longs mois car son cœur était empli de haine contre Philippe Auguste. Puis l'abbé Pierre Milon lui administra le sacrement des malades.

Il avait déjà dicté ses volontés, demandant notamment que son corps repose, après sa mort, en l'abbaye de Fontevrault, auprès de son père, le roi Henri II ; que son cœur soit déposé en la cathédrale de Rouen et ses entrailles en la chapelle castrale du château de Chalus, quand la reine Aliénor, sa mère, arriva près de lui au matin du 6 avril.

Son arrivée lui apporta amour, réconfort et sérénité et c'est sans doute à elle qu'il confia ses dernières volontés de roi....

"Quand le roi vit qu'il ne pouvait vivre, il devisa [déclara remettre] à son frère le royaume d'Angleterre et toutes ses autres terres et lui fit faire féauté [jurer fidélité] par ceux qui étaient là et les trois parties de son trésor et tous ses joyaux devisa [remit] à Othon, son neveu, et la quarte partie [le quart restant] commanda qu'elle fût répartie entre les pauvres et ceux qui l'avaient servi"[62].

Telle la Pieta, la Vierge douloureuse, Aliénor serrait son fils entre ses bras lorsqu'il rendit l'âme à la première heure de la nuit (vers 7 heures du soir[63]) au VIII des Ides d'avril (6 avril), en présence de son chapelain Pierre Milon *"qui ferma la bouche et les yeux du roi mourant et répandit la liqueur du baume sur sa tête royale et ses mains"*[64].

Il avait quarante et un ans...
"Ainsi morut Quor de Leon
Sa âme soit en Paraïs"[65].
"Anno Domini M° CC° minus uno (1199) obiit
 Ricardus rex
Anglie apud Chalutz-Chabrol"[66].

Une épitaphe (rapportée par l'historien Mathieu Paris et citée par l'abbé Leclerc[67] célèbre ainsi la mort du roi Richard :

"A Châlus est tombé le roi Richard, le pivot du royaume. Pour les uns, il était terrible, pour les autres, il était doux. Pour ceux-ci, c'était un agneau, pour ceux-là c'était un léopard. Chaluz voulait dire "chute de la lumière". Ce nom n'avait pas été compris dans les siècles passés..."

Dès que la nouvelle se répandit, ce fut la stupeur et une immense peine envahit tout l'Occident et tous le pleurèrent...

Richard était et restera le preux et beau chevalier, idéal de son époque, le héros de Terre sainte, le roi de légende... et il mourait, en Limousin, d'une simple flèche, dans la fleur de l'âge, auréolé de vaillance et de gloire...

On raconte que son corps fut d'abord transporté au château de Chalucet, sa forteresse. Puis, ainsi qu'il l'avait demandé dans ses dernières volontés, le cœur du roi fut transporté à la cathédrale de Rouen, ses entrailles laissées en l'église du château de Châlus, tandis que ses funérailles solennelles eurent lieu à l'abbaye de Fontevrault, le jour des Rameaux, en présence d'Hugues, évêque de Lincoln, des évêques de Poitiers et d'Angers, de l'abbé de Turpenay, Lucas, et de l'abbé du Pin, Milon, son chapelain, qui l'avait assisté durant son agonie. Son frère, Jean, n'arriva qu'après la cérémonie...

C'est en cette abbaye de Fontevrault que repose le gisant du roi Richard aux côtés de ceux de sa mère, la reine Aliénor, et de sa belle-sœur, Isabelle d'Angoulême.

La reine Aliénor, seule auprès de son fils représentante des Plantagenêt, confiait son âme à Dieu... Elle était abîmée dans sa douleur, désespérée du trépas de Richard, celui en qui elle avait confiance pour l'avenir de sa lignée Plantagenêt. Seul lui restait Jean sans Terre, qui, elle le savait, n'avait pas de son frère la qualité d'homme, la valeur chevaleresque, la finesse politique, la bravoure de guerrier...

Jean, pourtant, succéda à Richard et elle put, très vite, vérifier ses pressentiments. Jean, après avoir répudié Havise de Gloucester, devait enlever, pour l'épouser, la fiancée d'Hugues de Lusignan, Isabelle d'Angoulême, mettant ainsi sur le trône d'Angleterre une reine de cette maison d'Angoulême, alliée des Limoges, à l'origine de la mort de Richard. Il ne sut pas défendre ses possessions en France, peu à peu conquises par Philippe Auguste, mettant à profit la mort du roi.

Le Limousin, ainsi que ses barons le souhaitaient depuis si longtemps, revint à la couronne de France, mais n'en garda pas moins le souvenir de Cœur de Lion, fier d'avoir été le théâtre de ses exploits, la terre qu'il avait si souvent foulée - plus même que son propre royaume d'Angleterre -, le lieu choisi par Dieu pour sa mort...

On dit que le vicomte Aymard V de Limoges, mort peu de temps après la mort du roi, en cette même année 1199, fut tué par Philippe de Cognac, le bâtard de Richard, pour venger son père... Aymard V n'en avait pas moins, avant sa mort, signé sa soumission au roi de France par un acte conclu à Anet, les 18 et 30 avril 1199, juste un mois après la mort de Richard. Et cette soumission, il l'avait faite, non seulement pour lui, mais en tant qu'autorité reconnue dans la région, preuve que Richard, dans son désir de venir combattre Aymard, avait bien compris qu'outre la récupération d'un trésor, dont personne ne reparlera plus, il était urgent de combattre un seigneur rebelle assez puissant pour imposer, au nom de ses pairs, son refus de la domination des Plantagenêt sur le Limousin. Et, de son côté, la lutte d'Aymard, preuve s'il en est de la puissance que pouvait alors représenter un seigneur limousin, n'était pas dirigée personnellement contre Richard mais contre le roi d'Angleterre, l'autorité étrangère...

Car la personne du roi Richard restait respectée et aimée dans toute la chrétienté et elle le reste encore, particulièrement en Limousin. Son souvenir est dans toutes les mémoires, hier comme aujourd'hui, huit cents ans après...

C'est un troubadour, limousin précisément, Gaucelm Faidit, qui fut longtemps de la suite de Richard et qui aimait sa terre au point de la chanter ainsi, au retour d'un pèlerinage en Terre sainte, aux côtés du marquis de Montferrat :

"*E pos a Dieu platz qu'eu torn m'en*
En Lemozi ab cor jauzen
Don parti ab pesansa,
Lo tornar e l'onransa
Li grazisc, pos el m'o cossen

Et puisque à Dieu plaît que je m'en revienne
En Limousin le cœur joyeux
D'où je partis avec peine
De ce retour et de cet honneur
Le remercie pour m'avoir fait cette faveur.

Ben dei Dieu mercejar
Pos vol que sanz e fortz
Puèsc'el païs tornar
On val mais uns paucs ortz
Que d'autra terr'estar
Rics ab gran benanansa

Bien dois Dieu remercier
Car il a voulu que sain et sauf
Je puisse au pays retourner
Où mieux vaut un petit jardin
Qu'ailleurs, sur d'autres terres
Richesse et grande aisance."

C'est Gaucelm Faidit, donc, qui, dans l'un des plus beaux *planh* (oraison funèbre) de la lyrique occitane, devait chanter la mort, dans la fleur de l'âge, de Richard Cœur de Lion, célébrant le héros de légende, resté à tout jamais gravé dans les mémoires...

"*Fortz chausa es que tot lo major dan*
E'l major dol, las! qu'ieu anc mais agués,
E ço don dei toztemps planher ploran;

M'aven a dir en chantan, e retraire
Quar cel qu'éra de valor caps e paire,
Lo rics valens Richartz, reis dels Englès,
Es mortz - Ai Dieus ! Quals pèrd'e quals dans es !
Quant estranhs motz, e quant grèus ad auzir !
Ben a dur cor totz om qu'o pot sofrir...

C'est forte chose et le plus grand dommage
La plus grande douleur, las, que j'eus jamais
Et que toujours j'aurai à déplorer en pleurant
A dire et à redire en chantant
Car celui qui était de valeur chef et père
Le puissant et valeureux Richard, roi d'Angleterre
Est mort. Ah ! Dieu, quelle perte et dommage
Quels mots étranges et si durs à ouïr
Bien a le cœur dur qui le peut souffrir.

Mortz es lo reis, e son passat mil an
Qu'anc tant pros om non fo, ni no'l vi res,
Ni mais non èr nulhs om del sieu semblan,
Tant larcs, tant rics, tant arditz, tals donaire,
Qu'Alixandres, lo reis, qui venquet Daire,
Non cre que tant dones ni tant mesés:
Ni anc Carles ni Artus plus valgués,
Qu'a tot lo mon si fetz, qui'n vol ver dir.
Als us doptar et als autres grazir.

Mort est le roi et ont passé mille ans
Où ne fut homme si preux que l'on puisse voir
Jamais n'y eut nul homme qui lui soit semblant
Si généreux, si noble, si prodigue et puissant,
Qu'Alexandre, le roi qui vainquit Darius
Ne crois pas qu'il donna ou fit plus
Ni Charles, ni Arthur ne furent plus vaillants
Aux yeux du monde, à vrai dire,
Car des uns il se faisait craindre, des autres applaudir.

Meravilh me del fals sègle truan,
Co'l pot estar savis om ni cortès,
Puois re no'i val bèlh dich no fach prezan,
E doncs per qué s'esfors' om, pauc ni gaire ?
Qu'éras nos a mostrat Mortz que pot faire,
Qu'a un sol colp a'l melhor del mon pres,
Tota l'onor, totz los gaugs, totz los bes ;
E pos vezem que res no'i pot gandir,
Ben deuri' om mens doptar a morir !

Je m'émerveille qu'en ce siècle faux et truand
Puisse encore être homme si sage et courtois
Car rien n'y valent ni belles paroles, ni beaux exploits,
Dès lors pourquoi les hommes feraient-ils plus ou moins des efforts
Etant donné ce que nous a montré l'œuvre de la mort,
Qui d'un seul coup a du meilleur du monde pris

Tout l'honneur, toutes les joies, tous les biens,
Et puisque nous voyons que rien ne peut nous en prémunir
Bien devrions avoir moins peur de mourir.

Ai ! Valens reis sénher, e qué faran,
Oimais armas ni fort tornei espés,
Ni richas cortz ni bélh don aut e gran,
Pois vos no'i étz, qui n'eratz capdelaire,
Ni qué faran li liurat a maltraire,
Cilh que s'éran en vostre servir mes,
Qu'atendion qu'el guizerdos vengués,
Ni qué faran cilh, que'is degran aucir,
Qu'aviatz faitz en gran ricor venir ?

Ah ! Que feront, valeureux seigneur roi,
Désormais armes et rudes tournois
Riches cours, hauts, grands et beaux dons,
Puisque vous n'y serez plus, vous qui en étiez le champion,
Que feront ceux qui sont sujets à maltraiter,
Ceux qui s'étaient mis à votre service,
Qui attendaient de vous d'être récompensés,
Que feront ceux qui se devraient occire
Que vous aviez fait à grandes richesses venir ?

Longa ira et avol vid' auran
E totztemps dol, qu'enaissi lor es pres,
E Sarrazin, Turc, Païan e Persan,

Que'us doptavon mais qu'ome nat de maire
Creisseran tant en orguolh lor afaire,
Que'l Sepulcres n'èr trop plus tart conquès
Mas Dieus o vol; que, s'el non o volgués,
E vos, Sénher, visquessetz, ses falhir,
De Suria los avengr' a fugir.

Long chagrin et triste vie auront
Et, à douleur éternelle condamnés ils seront
Et Sarrasins, Turcs païens et Persans
Qui vous craignaient plus qu'aucun homme vivant
Croîtront tant en orgueil leur affaire
Que le Sépulcre ne sera plus tard conquis
Mais Dieu l'a voulu, et s'il ne l'avait admis
Et vous, seigneur, ayez vécu sans faillir
De Syrie vous les auriez conduits à fuir.

Oimais no'i a esperansa que'i an
Reis ni princeps que cobrar lo saubès!
Péro, tuch cilh qu'en luoc de vos seran
Devron gardar cum fotz de prètz amaire,
Ni qual foron vostre dui valen fraire,
Lo Joves Reis e'l cortés coms Jaufrès,
Et qui en luoc remanra, de vos tres
Ben deu aver aut cor e ferm cossir
De far bos faitz e de socors chausir.

Désormais, il n'y a plus d'espoir qu'il y ait
Rois ou princes qui puissent le remplacer

Mais tous ceux qui en votre place seront mis
Devront avoir souci de combien vous aimiez prix
Et ce que furent vos deux vaillants frères
Le jeune roi et le courtois comte Geoffroy
Et celui qui vous remplacera tous les trois
Bien devra avoir à cœur et ferme désir
De faire beaux exploits et hauts faits accomplir.

Ai ! Sénher Dieus ! Vos qu'étz vers perdonaire,
Vers Dieu, vers om, vera vida, mercés !
Perdonatz li, que ops e cocha l'es,
E no gardetz, Sénher, al sieu falhir,
E membre vos cum vos anét servir !

Ah ! Seigneur Dieu, Vous qui savez pardonner
Vrai Dieu, vrai Homme, vraie vie, pitié !
Pardonnez-lui car il en a besoin,
Ne regardez pas quand il a pu faillir
Et souvenez-Vous comment il alla Vous servir[67] !

Cet hommage lointain reste aujourd'hui le témoignage du souvenir, l'imaginaire, que garde de Richard la terre limousine...

NOTES

-1- "AYMARD V, vicomte de Limoges"
Jean-Charles BLOTTIERE, revue Lemouzi n°75 ter, p.17

\- Chronique de Geoffroy du BREUIL prieur de VIGEOIS, traduite par François BONNELYE. Tulle 1864 § 54, Bibliothèque Nationale de France avec notes de Bernard ITHIER en fin de chronique

-2- "AYMARD V..." op. cit.

-3- Texte de saint Victor de PARIS

-4- Article de J.C. LOUTY, Le Sillon octobre 1990, "L'abbaye de Grandmont"

-5- Chronique de Geoffroy du BREUIL... op. cit. § 41

-6- "Richard Cœur de Lion" Régine PERNOUD, Fayard Paris p.14

-7- Bulletin de la Société archéologique du Limousin t. 57-58

-8- Chronique de Bernier ITHIER, bibliothécaire de l'abbaye de saint Martial de Limoges, traduite par DUPLES-AGIER, p.58, Bibliothèque Historique de la ville de Paris.

-9- Chronique de Guillaume de PUYLAURENS, citée par DEJEAN dans "les Comtes de Toulouse" Paris, Fayard p.18

-10- "Aliénor d'Aquitaine", Régine PERNOUD, Paris, Albin Michel, p. 157

-11- cf. Chronique de Geoffroy du BREUIL, op. cit. § 67

-12- idem, § 73 p. 328

-13- Madame de STAEL

-14- "AYMARD V…" op. cit. p. 38

-15- idem

-16- cf. Chronique de Geoffroy…op. cit. annexe sur Gilbert de MALEMORT

-17- cf. Chronique de Geoffroy... op. cit. § 70

-18- "AYMARD V..." op. cit. p. 40

-19- Récits de l'histoire du Limousin publiés par la Société archéologique et historique de Limoges, Bibliothèque Historique de la ville de Paris, 1885

-20- "AYMARD V..." op. cit. et chronique de Vigeois op. cit., annexes 1180-1182

-21- "AYMARD V..." op. cit. p. 43

-22- Idem

-23- Idem et chronique de Geoffroy du BREUIL II° partie

-24- "AYMARD V..." op. cit. p. 44 et Chronique de Geoffroy... op. cit. § VII

-25- Chronique de Geoffroy... op. cit. § VII et "AYMARD V..." op. cit. p. 44

-26- Chronique de Geoffroy... op. cit. II° partie

-27- Idem

-28- Idem

-29- "AYMARD V..." op. cit. p. 46

-30- Histoire du Limousin et de la Marche Limousine, Joseph NOUAILLAC, rev. Lemouzi n°78 Bis p.139 et Chronique de Geoffroy... op. cit. II° partie

-31- Chronique de Geoffroy... op. cit. II° partie

-32- Idem

-33- Bulletin de la Société... op. cit.

-34- Poésies complètes de Bertrand de BORN avec des extraits inédits du Cartulaire de l'abbaye de Dalon par Antoine THOMAS., librairie E. Privat, 1888. Bibliothèque Nationale de France.

-35- Chronique de Geoffroy... op. cit. II° partie

-36- "Histoire du Limousin..." op. cit. p.138

-37- "AYMARD V..." op. cit. p. 47 et Chronique de Geoffroy... op. cit. § 18

-38- Poésies complètes... op. cit.

-39- Idem

-40- Chronique de Geoffroy... op. cit. § 25 et 28

-41- Poésies complètes... op. cit.

-42- RICHARD Cœur de Lion... op. cit. p.72

-43- Article de J.C. LOUTY, op. cit.

-44- "Mémoires d'Aliénor" Huguette PIROTTE Paris, Nouvelles éditions latines p. 207

-45- Idem

-46- "RICHARD CŒUR DE LION" Huguette PIROTTE Paris-Gembloux Editions Duculot Biographies Travelling p.126

-47- "Histoire du Limousin...", op. cit. p.140

-48- Alain ERLANDE - BRANDENBURG, article au Congrès archéologique de France de 1984, cité par Régine PERNOUD dans RICHARD CŒUR DE LION, op. cit. p.241

-49- Poésies complètes... op. cit.

-50- "RICHARD CŒUR DE LION" Jacques CHOFFEL Paris Editions Fernand Lanore Sorlot p. 254

-51- Idem

-52- "RICHARD CŒUR DE LION" Régine PERNOUD op. cit. p. 249

-53- "Histoire du Limousin..." op. cit. p. 140

-54- Transaction entre le vicomte Aymard V de Limoges et le roi de France Philippe-Auguste, faite à Arede (Saint-Yrieix) en avril 1198 rapportée par l'abbé LECLERC au Bulletin de la Société archéologique et historique du Limousin t. 26 p. 161 et suiv. "La mort de Richard Cœur de Lion".
Dans ce même article, l'abbé LECLERC démontre la véracité des faits rapportés au sujet de la mort de Richard en leur temps par la chronique de Vigeois, poursuivie par Bernier ITHIER, les comparant aux faits plus légendaires rapportés plus d'un siècle plus tard par le chroniqueur Roger de HOVEDEN qui notamment écrit que le meurtrier du roi Richard était un certain Bertrand de GOURDON alors qu'il s'agit bien de Pierre BASILE

-55- "AYMARD V..." op. cit. p.51

-56- Chronique de la mort de Richard Cœur de Lion par l'abbé cistercien Ralph de COGGESHALL chroniqueur anglais (Chronicon Anglicanum) publiée par dom MARTENNE

-57- Idem

-58- Bulletin de la Société archéologique et historique du Limousin t. 26 op. cit.

-59- Guillaume le BRETON, la Philippide, traduction française, collection Guizot, t. XII, p. 142-149. Cité par l'abbé LECLERC (cf. note 54)

-60- cf. Ralph de COGGESHALL op. cit.

-61- "Histoire du Limousin..." op. cit. p. 141 et Bulletin de la Société... t. 26 op. cit.

-62- Cité par Régine PERNOUD "Richard Cœur de Lion" op. cit. p. 251. Extrait du "Livre des rois d'Angleterre"

-63- Chronique de Geoffroy... op. cit.

-64- Bulletin de la Société... op. cit.

-65- Jacques CHOFFEL, op. cit.

-66- Chronique de Bernard ITHIER, op. cit. p. 192

-67- Bulletin de la Société... t.26 op. cit.

-68- Anthologie des Troubadours, collection 10/18 Bibliothèque médiévale, p. 237 et suiv. Texte de J. MOUZAT

NOTE : Les accents sur les textes médiévaux n'ont malheureusement pas pu être insérés sur les voyelles.

TABLE DES MATIÈRES

PROLOGUE 5

CHAPITRE I : Richard, le petit prince
et le Limousin 1157-1168 9

CHAPITRE II : Richard, duc d'Aquitaine
et le Limousin 1169-1189 19

Richard, par Aliénor, duc d'Aquitaine 19

Richard, pour Aliénor, duc d'Aquitaine 29

Richard, pour Henri II, duc d'Aquitaine 39

Richard, contre Henri II, duc d'Aquitaine 66

CHAPITRE III : Richard, duc d'Aquitaine,
roi d'Angleterre et le Limousin 1189-1199 71

EPILOGUE : la mort du roi Richard à Châlus,
en Limousin, 6 avril 1199 87

NOTES BIBLIOGRAPHIQUES 103

Achevé d'imprimer par Corlet Numérique - 14110 Condé-sur-Noireau
N° d'Imprimeur : 17246 - Dépôt légal : avril 2004 - *Imprimé en France*